Débrouillons-nous !

troisième édition

フランス語でサバイバル！
三訂版

内村　瑠美子
七尾　誠
後藤　直樹
阪口　勝弘
釣　馨
中畑　寛之
藤原　曜

HAKUSUISHA

―― 音声ダウンロード ――

この教科書の音源は白水社ホームページ（www.hakusuisha.co.jp/download）からダウンロードすることができます（お問い合わせ先：text@hakusuisha.co.jp）

装丁・本文イラスト　下西盛国

三訂版まえがき

　みなさんがこれからフランスと接することがあるとすれば，もっとも可能性が高いのは観光旅行ではないでしょうか．外国を旅行している時，その国の言葉でうまくはなくとも意志を伝えることができればどんなに便利で，また楽しいことでしょう．

　本書はそんな楽しみのために編まれた教科書です．フランスを初めて旅行するのに最低限必要なコミュニケーション能力を身につけることを目的としています．

　機内での飲物を頼むやりとりや初めて会ったフランス人とのお互いの自己紹介から始まり，タクシーの運転手との会話，買い物をするときやカフェで注文するときの表現，さらに趣味の話など旅行に必要な基本表現を，たとえば実際のレストランのメニューを見ながらの練習を通して，臨機応変に「なんとかする」（この教科書のフランス語タイトル "Débrouillons-nous!" の意味です）応用力が身につくように配慮してあります．

全13課・各課の構成

DIALOGUE

　旅先での典型的なシチュエーション，たとえば「機内」「カフェ」「ブティック」などで，本書の主人公である大学生ミカとサトルがフランス語でやりとりをしています．それぞれの場面で必要な基本表現（あいさつ，自己紹介，要求，拒否など）を覚えましょう．

EXERCICES

　穴埋めや書き換えの練習問題で基本文法を身につけ，DIALOGUE に出てきた基本表現の練習をしましょう．

PRATIQUE

　現実に起こりえる状況を設定して，実際に隣の人と練習します．必ずしも完全な答えが必要ではありません．とにかく自分の言いたいことを伝えるために工夫してみましょう．

　欠かすことのできない文法項目は，巻末に文法の仕組みが把握しやすいように簡便にまとめてあります．また最低限サバイバルに必要な力の養成のため，あまりに瑣末で例外的な項目は省いています．本文中には参照番号を付して巻末の文法編との対応を指示してあります．

　教科書に出てくる全ての単語は巻末にアルファベット順にまとめてあります．

　また，巻末に各課ごとの提出問題を用意しています．復習のために使って下さい．

　なお今回の改訂では，使いにくい部分，不明瞭な部分，時代にそぐわない物や価格などを変更しました．さらに十分な練習が必要と思われるところに練習問題を追加しています．それにともない，音声もすべて新しくしています．加えて巻末には「分野別単語リスト」を新しく設けました．作文やペア練習の際に，ボキャブラリーの幅を広げることで教室がより活発に楽しい場となることを願います．

　では一年間フランス語でサバイバル旅行を楽しんでください．Bon Voyage!

2018年　秋　　　　著　者

目　次

Bonjour! はじめに　発音，アルファベ，挨拶 *6*

1　Un jus de fruit, s'il vous plaît. 機内サービス　名詞の性と数，不定冠詞，数字1〜20
.... *10*

2　Je m'appelle Mika. 機内での会話 (1)　動詞 être，否定文，疑問文
.... *14*

3　Elle est actrice. 機内での会話 (2)　所有形容詞，形容詞の性・数一致および位置
.... *17*

4　Vous avez des bagages? パリを移動する　動詞 avoir，定冠詞，数字21〜99，否定の de
.... *20*

5　Quel est votre nom? ホテルにチェックイン　疑問形容詞，位置関係をあらわす前置詞
.... *23*

6　J'aime beaucoup la peinture. 好きなことについて話す　-er 型動詞
.... *26*

7　Où est la banque? 道をたずねる　動詞 aller，命令法，前置詞と定冠詞の縮約，動詞 prendre
.... *29*

8　On va faire du shopping? カフェで　動詞 pouvoir，近い未来，部分冠詞，動詞 boire
.... *32*

9　Le prochain train part à quelle heure? 列車で郊外へ行く　時刻の表現，動詞 partir，代名動詞
.... *36*

10　Il pleut. 雨が降っています　天候をあらわす表現 *39*

11　J'aime mieux le tennis. 比較をする　比較級，最上級，動詞 venir，近い過去
.... *42*

12　Ça me plaît beaucoup. 買い物をする　目的語人称代名詞，指示形容詞，100以上の数字
.... *45*

13　On est montés à la Tour Eiffel. 帰りの飛行機で　複合過去
.... *49*

文法 A	⓪ 名詞の性・数に関係する「冠詞」と「形容詞」	....	*52*
	① 名詞の性と数	....	*52*
	② 不定冠詞／定冠詞／部分冠詞	....	*53*
	③ 形容詞/指示形容詞/所有形容詞/疑問形容詞	....	*53*
文法 B	⓪ 動詞活用	....	*55*
	① être と avoir の活用表	....	*55*
	②-1 規則動詞（-er 型動詞）	....	*56*
	②-2 特殊な -er 型動詞	....	*56*
	③ 代名動詞	....	*56*
	④ 規則動詞（-ir 型動詞）	....	*56*
	⑤ 重要な不規則動詞	....	*57*
	⑥ 複合過去	....	*58*
文法 C	① 疑問文の作り方	....	*58*
	② 疑問詞の種類	....	*59*
	③ 否定文の作り方	....	*59*
	④ 命令法	....	*59*
	⑤ 目的語人称代名詞	....	*60*
	⑥ 人称代名詞強勢形	....	*60*
	⑦ 前置詞と定冠詞の縮約	....	*60*
	⑧ 比較級	....	*61*
	⑨ 最上級	....	*61*
綴り字の読み方		....	*62*
付 録	分野別単語リスト	....	*64*
	提出問題集	....	*69*
	この教科書に出てくる単語	....	*83*

Bonjour!
はじめに

1 日本でもよく耳にするフランス語です．読み方を考えてみましょう．次に下線部の読み方を
[　　]にカタカナで書き入れてください． ▶②

1) ....
ci**n**éma

2) ....
escargot

3) ....
f**oie** gras

[　　　]

4) ....
s**ou**pe

[　　　]

5) ....
café **au** l**ai**t

[　　　][　　　]

6) ....
chocolat

[　　　]

7) ....
came**m**bert

[　　　]

8) ....
cr**oi**ssant

[　　　]

9) ....
œuf

[　　　]

10) ....
s**au**ce

[　　　]

11) ....
grati**n**

[　　　]

12) ....
pâtissier

■発音と綴り字→ 綴り字の読み方 p.62

6

2 アルファベ（**Alphabet**）の読み方を覚えましょう． ▶③

母音字

3 音声を聴いて，□に適切なアルファベを書き入れましょう． ▶④

1) □ok□o 2) □a□on 3) P□r□s 4) F□an□e

4 自分の名前をアルファベで書き，一文字ずつ発音してみましょう．

5 次の基本表現を発音してみましょう． ▶⑤

   a) 出会いの挨拶

   Bonjour. こんにちは　　Bonsoir. こんばんは　　Salut. ［親しい相手に対して］やあ

   Vous allez bien? お元気ですか？　　Ça va? 元気？

   b) 別れの挨拶

   Au revoir. さようなら　　Salut. ［親しい相手に対して］さようなら

   c) お礼をいうとき．謝るとき

   Merci. ありがとう　　　　　　　Je vous en prie. どういたしまして

   Pardon. ごめんなさい　　　　　Excusez-moi. ごめんなさい

   d) 相手の話に同意するとき

   Très bien. かしこまりました．とてもいいです　　D'accord. わかりました

   e) 呼びかけるとき

   Monsieur. ［男性に対して］

   Madame. ［女性に対して］　　Mademoiselle. ［未婚女性に対して］

6 音声を聴いて，以下の会話を練習しましょう． ▶⑥

   a)　A　Bonjour, monsieur.
   　　 B　Bonjour, mademoiselle.
   　　 A　Vous allez bien ?
   　　 B　Très bien, merci. Et vous ?
   　　 A　Oui, très bien.
   　　 B　Au revoir.
   　　 A　Au revoir.

   b)　A　Bonjour. Ça va ?
   　　 B　Ça va bien. Merci. Et toi ?
   　　 A　Très bien. Au revoir.
   　　 B　Au revoir.

フランス人のジェスチャー ▶⑦

イラストにふさわしい表現を下から選びましょう．

1) .... 2) ....

3) .... 4) ....

5) ....

Bof!	C'est bon !	J'en ai marre.	L'addition, s'il vous plaît.	Viens !
ちぇっ！	おいしい！	うんざりだ．	お勘定をお願いします．	こっちにおいで！

1 Un jus de fruit, s'il vous plaît.

機内サービス

名詞の性と数，不定冠詞，数字1〜20

▎DIALOGUE ▎

1 音声を聴いて，表現を練習しましょう． ▶⑧

Hôtesse de l'air	Jus de fruit, bière, vin ...
Satoru	Une bière, s'il vous plaît.
Hôtesse de l'air	Et vous, mademoiselle ?
Mika	Moi..., un jus de fruit, s'il vous plaît.
Hôtesse de l'air	Une bière et un jus de fruit. *Voilà*.
Satoru et Mika	Merci beaucoup.

2 次の日本語にあたる表現を，DIALOGUEの中から抜き出しましょう．

ビールをください	
お嬢さん，あなたは？	
はい，どうぞ	

3 SatoruとMikaの2人は，何を頼みましたか？　DIALOGUEの中から抜き出しましょう．

　　　　Satoru (　　　　　　　　　　)　　　Mika (　　　　　　　　　　　　)

4 フランス語の名詞には**男性名詞**と**女性名詞**があります．2人が頼んだ飲み物は，男性名詞 (*m*)，女性名詞 (*f*) どちらですか？　*m*, *f* のいずれかに○をつけ，[　] に不定冠詞を入れましょう．

　　　　　　　　　　　　　　　　　　　■名詞の性と数→文法A p.52　　■不定冠詞→文法A p.52, p.53

　　　　[　　　] jus de fruit　　(*m*,　*f*)
　　　　[　　　] bière　　　　　(*m*,　*f*)

▌EXERCICES ▌

1 以下の食べ物，飲み物に不定冠詞をつけ，発音を練習しましょう． ▶⑨

カフェにて

( ) café (*m*) ( ) salade (*f*)

( ) thé (*m*) ( ) sandwich (*m*)

( ) bière (*f*) ( ) glace (*f*)

パン屋にて

( ) baguette (*f*) ( ) pain au chocolat (*m*)

( ) croissant (*m*) ( ) croissants (*m*：複数)

( ) tarte (*f*) ( ) tartes (*f*：複数)

2 音声を聴いて，[ ]から適切な語を選んで（ ）に入れましょう． ▶⑩

a) A Bonjour, monsieur.

B Une bière, ( ).

A ( ).

b) A ( ) café, s'il vous plaît. ( ), Mika ?

B ( ) tarte et un thé, s'il vous plaît.

C Un café, une tarte et un thé. Très bien.

[un, une, et toi, voilà, s'il vous plaît]

3 1〜20までの数詞を練習しましょう．

a) 発音してみましょう． ▶⑪

1 un / une	2 deux	3 trois	4 quatre	5 cinq
6 six	7 sept	8 huit	9 neuf	10 dix
11 onze	12 douze	13 treize	14 quatorze	15 quinze
16 seize	17 dix-sept	18 dix-huit	19 dix-neuf	20 vingt

b) 音声を聴いて，（ ）に数詞をアルファベで書いてください． ▶⑫

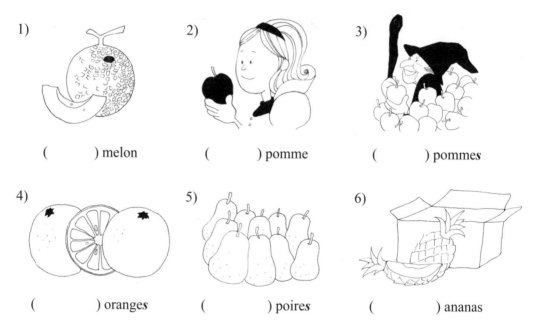

1) (   ) melon
2) (   ) pomme
3) (   ) pommes
4) (   ) oranges
5) (   ) poires
6) (   ) ananas

c) 下の例にならって隣の人に足し算，引き算の問題を出してみましょう． ▶⑬

例　1)　A　*Cinq* plus *trois* égale ...?　　　　2)　A　*Dix* moins *quatre* égale ...?
　　　　B　*Huit* !　　　　　　　　　　　　　　　B　*Six* !

PRATIQUE

例にならってカフェでの注文を練習しましょう. ▶⑭

例　*Mika*　　　Un café et une salade verte, s'il vous plaît.
　　Le garçon　Un café et une salade verte. Très bien.

　　Mika　　　L'addition, s'il vous plaît.
　　Le garçon　.................. euros.
　　Mika　　　Voilà. Merci. Au revoir.

café (*m*)　3€

thé (*m*)　3€

coca-cola (*m*)　4€

jus d'orange (*m*)　5€

bière (*f*)　6€

sandwich au jambon
(au fromage) (*m*)　7€ (9€)

salade verte (composée) (*f*)　12€ (13€)

2 Je m'appelle Mika.

機内での会話 (1)

動詞 être, 否定文, 疑問文

▎DIALOGUE ▎

1 音声を聴いて，表現を練習しましょう． ▶︎⑮

Pierre　Bonjour ! *Je m'appelle* Pierre.
Mika　Bonjour, monsieur. Je m'appelle Mika.
　　　Vous êtes français ?
Pierre　Oui, *je suis* français. Et vous, mademoiselle ?
Mika　Je suis japonaise. Je suis étudiante.
　　　Vous aussi, vous êtes étudiant ?
Pierre　Non, je ne suis pas étudiant.
　　　Je suis acteur.

2 次の日本語にあたる表現を，DIALOGUE の中から抜き出しましょう．

私の名前は～です	
あなたは～です	
私は～です	

■être→ 文法 B p.55

3 Mika も Pierre も「学生」という言葉を使っていますが，異なる点があります．それを指摘してください．

4 「私は～ではない」という**否定の表現**を抜き出してください．否定文の仕組みを確認しましょう．

■否定文の作り方→ 文法 C p.59

5 **疑問の表現**を抜き出してください．疑問文の仕組みを確認しましょう．

■疑問文の作り方→ 文法 C p.58

EXERCICES

1 国と国籍を表す言葉です．音声を聴いて読んでみましょう． ▶⑯

■国籍や職業をあらわす名詞の性と数 → 文法 A p.52

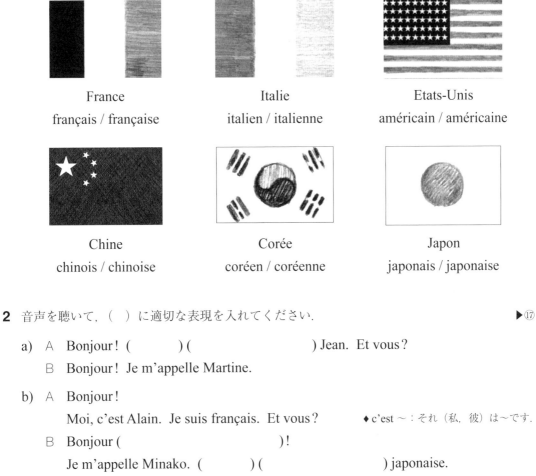

France
français / française

Italie
italien / italienne

Etats-Unis
américain / américaine

Chine
chinois / chinoise

Corée
coréen / coréenne

Japon
japonais / japonaise

2 音声を聴いて，（　）に適切な表現を入れてください． ▶⑰

a) A　Bonjour!（　　　）（　　　　　　　　　）Jean. Et vous?

　　B　Bonjour! Je m'appelle Martine.

b) A　Bonjour!

　　　Moi, c'est Alain. Je suis français. Et vous?　　♦ c'est ～ : それ（私，彼）は～です．

　　B　Bonjour（　　　　　　　　　）!

　　　Je m'appelle Minako.（　　　　）（　　　　　　　　）japonaise.

c) A　Je suis française.

　　　Et vous?（　　　　　）（　　　　　　　　）américaine?

　　B　Non, je（　　　　）（　　　　）（　　　　　）américaine.

　　　Je suis（　　　　　　　　　）.

3 巻末の単語リストを参考にして以下の職業を表す名詞の女性形を書きこみましょう．　▶⑱

1)

étudiant / ....

2)

employé / ....

3)

cuisinier / ....

4)

vendeur / ....

5)

serveur / ....

6)

professeur / ....

▎PRATIQUE ▎

この課で学んだ国籍・職業をあらわす単語を用いて，隣の人に質問をしましょう．　▶⑲

例　Est-ce que vous êtes française ?
　　—Non, je ne suis pas française. Je suis japonaise.

　　Etes-vous étudiant ?
　　—Non, je ne suis pas étudiant. Je suis serveur.

16

3 Elle est actrice.

機内での会話 (2)

所有形容詞，形容詞の性・数一致および位置

DIALOGUE

1 音声を聴いて，表現を練習しましょう．　▶⑳

Pierre　Je suis acteur.
Mika　Ah, vous êtes acteur ?
Pierre　Oui. Ma mère aussi, *elle est actrice*.
Mika　*Est-ce que vous êtes célèbres* ?
Pierre　Moi, non. Je ne suis pas très connu.
　　　　Mais, ma mère, oui. Elle est très célèbre.
Mika　Et votre père, *qu'est-ce qu'il fait* ?
Pierre　Mon père ? Il est musicien. Mes parents, *ils sont très occupés*.

2 次の日本語にあたる表現を，DIALOGUE の中から抜き出しましょう．

彼女は女優です	
あなたたちは有名ですか？	
彼の職業は何ですか？	
彼らはとても忙しい	

3 「私の父」，「私の母」，「私の両親」というとき，フランス語では「私の」をどのように表現していますか？　抜き出しましょう．　■所有形容詞→ 文法A p.52, p.55

　　（　　　）père　　　（　　　）mère　　　（　　　）parents

4 célèbre / célèbres のように形容詞の形が変化しているのはなぜでしょうか？
■形容詞の性・数一致→ 文法A p.54

▎EXERCICES ▎

1 音声を聴いて............に être の活用形を,（ ）には形容詞を入れましょう．性・数一致に注意しましょう. ▶㉑

主語	être 動詞	形容詞		主語	être 動詞	形容詞
1) Je	suis	grand.		5) Nous	....	( ).
2) Tu	....	( ).		6) Vous	êtes	riches.
3) Il	....	( ).		7) Ils	....	( ).
4) Elle	....	( ).		8) Elles	....	( ).

1) grand　　2) petit　　3) mince　　4) joli

5) jeune　　6) riche　　7) gourmand　　8) élégant

2 家族の紹介をする音声を聞いて,［ ］から適切な語を選び（ ）に入れましょう.

■ il s'appelle → 文法 B p.56 ▶㉒

a) ( ) sœur s'appelle Marguerite. Elle est lycéenne. Elle est ( ).

b) ( ) frère s'appelle Luc. Il est journaliste. Il est ( ).

c) Ma tante s'appelle Junko. Elle est ( ). Elle est très ( ).

d) Mon oncle s'appelle Hiroshi. Il est ( ). Il est ( ),
   intelligent et sportif.

[pâtissière   médecin   sympa   gentille   mignonne   beau   Mon   Ma]

18

3 下の選択肢の単語を組み合わせて，1)〜3) のイラストの人物をフランス語で表現しましょう．
そして音声を聴いて確かめましょう． ■形容詞の位置と性・数一致→ 文法 A pp.53–54 ▶㉓

1) Ce sont ....

2) C'est ....

3) C'est ....

....

....

....

不定冠詞	un	une	des
名　　詞	employées	cuisinier	vendeuse
形 容 詞	sympathique	paresseux	bon

4 音声を聴いて，職業やその人物の特徴などをメモしてください．イラストの人物が誰で，どんな人なのかわかりますか？ ▶㉔

1) 　　　　　　　　2) 　　　　　　　　3)

名前：........................ 　........................ 　........................

国籍：........................ 　........................ 　........................

職業：........................ 　........................ 　........................

特徴：........................ 　........................ 　........................

▌PRATIQUE ▌

分野別単語リストを用い，あなたとあなたの家族を紹介しましょう． ■分野別単語リスト→pp.64–66

....

....

4 Vous avez des bagages?

パリを移動する

動詞 avoir, 定冠詞, 数字21〜99, 否定の de

▌DIALOGUE▐

1 音声を聴いて，表現を練習しましょう． ▶㉕

Mika	Bonjour, monsieur. *Je voudrais aller à la Tour Eiffel.*
Chauffeur	D'accord. *Vous avez des bagages ?*
Mika	Oui. J'ai une valise très lourde.
Chauffeur	Pas de problème. Bon. Allons-y.
	パリ市内に入って
Mika	*Qu'est-ce que c'est ?*
Chauffeur	C'est un musée. *C'est le musée du Louvre.*
	目的地に到着して
Chauffeur	Nous voilà à la Tour Eiffel.
Mika	*C'est combien ?*
Chauffeur	C'est cinquante-cinq euros.
Mika	Voilà. Au revoir.

2 次の日本語にあたる表現を，DIALOGUEの中から抜き出しましょう．

エッフェル塔に行きたいんですが	
荷物はありますか？	
あれはなんですか？	
あれはルーブル美術館です	
いくらですか？	

■ avoir → 文法B p.55

3 *un* musée と *le* musée の使い方の違いを考えてみましょう． ■ 定冠詞 → 文法A pp.52–53

▌EXERCICES ▌

1 a) 1〜10までの数詞を復習しましょう.（ ）に数詞を書きこんでください. ▶㉖

   1) un euro   2) (   ) euros   3) (   ) €   4) quatre €   5) cinq €

   6) (   ) €   7) sept €   8) (   ) €   9) (   ) €   10) dix €

   b) 20〜90までの数詞を覚えましょう. ▶㉗

20	vingt	21	vingt et un	22	vingt-deux	23	vingt-trois
24	vingt-quatre ...						
30	trente	40	quarante	50	cinquante	60	soixante
70	soixante-dix	80	quatre-vingts	90	quatre-vingt-dix		

2 タクシーの運転手と乗客のやりとりを聴いて, 目的地までの運賃がそれぞれ何ユーロになるかを数字で答えてください. 目的地は順不同で出題されるので, 注意してください. ▶㉘

   ・La Gare de Lyon   → (   ) €   ・La Bastille   → (   ) €

   ・L'Arc de Triomphe → (   ) €   ・Le musée du Louvre → (   ) €

3 例にならってイラストに合う文章を作りましょう. ▶㉙

Qu'est-ce que c'est?

例   1)   sac   2)   montre

C'est un crayon.

Ce sont des lunettes.   ....

3)   clé   4)   stylo   5)   livre

....

4 イラストを見て，1)〜5)の質問に答えてください． ▶︎③⓪

1) Monsieur Jean Dubois a des enfants ? ....
2) Marie a des frères ? ....
3) Qui est la tante de Charles ? ....
4) Qui est le grand-père de Nathalie ? ....
5) François a vingt ans ? ....

♦ Qui est 〜 ？：〜はだれですか？
♦ avoir 〜 an(s)：〜歳です

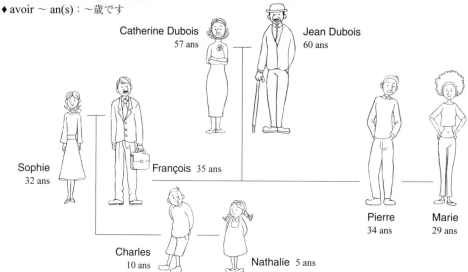

PRATIQUE

例にならって隣の人に身の回りのことについてたずねてみましょう． ▶︎③①

■否定の de → 文法 C p.59

例　Vous avez des chiens ?
　　—Oui, j'ai un chien.　　　　—Non, je n'ai pas de chiens.
　　　　　　　　　　　　　　　　　Mais, j'ai deux chats.

chien (*m*)　　　chat (*m*)　　　frère (*m*)　　　sœur (*f*)

moto (*f*)　　　vélo (*m*)　　　ordinateur (*m*)　　　smartphone (*m*)

5 Quel est votre nom?

ホテルにチェックイン

疑問形容詞，位置関係をあらわす前置詞

▮ DIALOGUE ▮

1 音声を聴いて，表現を練習しましょう．　　　　　　　　　　　　　　▶︎㉜

Satoru	Bonsoir, madame. *Est-ce que vous avez des chambres* avec salle de bains ?
Réceptionniste	Désolée, monsieur, nous n'avons que des chambres avec douche.
Satoru	C'est combien ?
Réceptionniste	Cent euros.
Satoru	*C'est cher !*
Réceptionniste	*Il y a aussi des chambres à quatre-vingts euros.*
Satoru	Alors, d'accord. Une chambre pour deux nuits, s'il vous plaît.
Réceptionniste	Très bien. *Quel est votre nom ?*
Satoru	Je m'appelle Satoru MAEDA.

2 次の日本語にあたる表現を，DIALOGUE の中から抜き出しましょう．

部屋はありますか？	
高いですね！	
80ユーロの部屋もあります．	
あなたのお名前は？	

■疑問形容詞 **quel** → 文法 **A** p.52, p.55

3 すでに学んだ否定文（ne ～ pas）とは異なる否定の表現があります．抜き出しましょう．

EXERCICES

1 （ ）に適切な疑問形容詞を入れてください．つぎに宿泊カードを見ながら，答えを書き入れましょう． ▶㉝

1) (   ) est son prénom ?
   ....

2) (   ) est sa nationalité ?
   ....

3) Il a (   ) âge ?
   ....

4) (   ) est sa profession ?
   ....

5) (   ) est son adresse e-mail ?
   ....

Hôtel Saint-Michel	
Prénom	Jean-Jacques
Nom	Vincent
Age	54
Nationalité	française
Profession	médecin
Domicile	6 Cours du Médoc
	33300 Bordeaux
e-mail	vincent@orange.fr

2 ホテルのカード（Cartes de visite）を見ながら，音声を聴いてください．どちらのホテルが話題になっていますか． ▶㉞

1) ....   2) ....   3) ....

HOTEL PAUL-NICOLE

★★

à Port-Royal
39, rue Paul-Nicole
75005
Téléphone 01 43 54 76 87
Fax 01 43 54 22 42

36 chambres

TV. écran plat

Salle de bains ou douche

Liaison directe avec
Orly, Charles de Gaulle (ligne B)

Simple: 70-90 euros
Double: 80-100 euros

Petit-déjeuner 10 euros

HOTEL Saint-Michel

★

20 chambres   Salle de bains
Très calmes   Arrivée 14h / Départ 11h
Wi-Fi gratuit

A partir de 40 euros (1 pers.)
A partir de 50 euros (2 pers.)

55, Boulevard Victor Hugo 75006
Téléphone 01 43 73 83 12
Fax 01 42 40 55 62

PRATIQUE

1 部屋のイラストを見て，1)～4) にならい，隣の人と会話をしてみましょう． ▶㉟

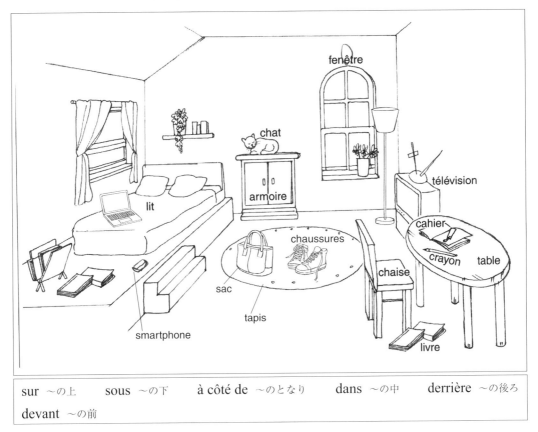

| sur ～の上 | sous ～の下 | à côté de ～のとなり | dans ～の中 | derrière ～の後ろ |
| devant ～の前 |

1) Il y a un sac sur le tapis ?
2) Il y a un chat dans l'armoire ?
3) Qu'est-ce qu'il y a sous la table ?
4) Où est la télé ?

♦ Où est ～ ～はどこですか？

2 以上のようなやりとりを，隣の人と自由に続けてみましょう．

6 J'aime beaucoup la peinture.

好きなことについて話す

-er 型動詞

▌DIALOGUE▐

1 音声を聴いて，表現を練習しましょう． ▶㊱

Réceptionniste	Qu'est-ce que vous faites, cet après-midi ?
Mika	Je visite le Louvre. *J'aime beaucoup la peinture.* C'est très intéressant.
Réceptionniste	Et votre ami ? Qu'est-ce qu'il fait ?
Mika	Il reste dans la chambre.
Réceptionniste	*Pourquoi* ?
Mika	*Parce qu'il regarde la télé.* Sur TF1, il y a un match de foot.

2 次の日本語にあたる表現を，DIALOGUE の中から抜き出しましょう．

絵画がとても好きです	
なぜですか？	
なぜなら彼はテレビを観ているからです	

3 フランス語の動詞は主語に応じて活用します．不定形が **-er** で終わる動詞の活用は規則的です．DIALOGUE の中の -er 動詞を探し，主語とともに下線を引いてください．次に 文法 B を参考にしながら visiter を全人称で活用させましょう．

■規則動詞（-er 型動詞）→ 文法 B p.56

▌EXERCICES ▌

1 音声を聴いて動詞を次の選択肢から選び，活用に気をつけて（ ）に書き入れましょう．▶㊲

écouter 聴く	rester とどまる	travailler 働く，勉強する	aimer 好きだ
voyager 旅行する	chercher 探す	jouer （スポーツなど）プレイする	tourner 曲がる

1) Tu (   ) de la musique ?

  —Oui, j'(   ) le jazz.

2) Vous (   ) à Paris ?

  —Non, je (   ) dans le Midi.

3) Elle (   ) encore ?

  —Non, elle (   ) au tennis.

4) Nous (   ) la gare Montparnasse.

  —(   ) à droite après le café.

2 音声を聴いて，3人が好きなもの，嫌いなものを書き入れましょう．またその理由を下の表現のリストから選びましょう．▶㊳

	好きなもの・嫌いなもの	理　由
1) Paul		
2) Marie		
3) Pierre		

感情・状態を表す表現   ▶㊴

C'est beau.	美しい	C'est amusant.	おもしろい
C'est compliqué.	複雑だ	C'est à la mode.	流行っている
C'est fatigant.	くたびれる	C'est sympa.	感じがよい
C'est ennuyeux.	退屈だ	C'est excitant.	わくわくする

PRATIQUE

あなたの好きなもの・嫌いなもの，そしてその理由を表に書き入れてください．つぎに，例にならい，フランス語で表現してみましょう． ▶⑳

例　Je n'aime pas les jeux vidéo．Parce que c'est fatigant．

	好きなもの・嫌いなもの	理　由
J'adore 大好き		
J'aime 好き		
Je n'aime pas 嫌い		

名詞

1) les mangas

2) le sport

5) la musique

6) les voyages

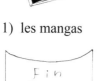

3) le cinéma

4) la télé

動詞

1) faire du shopping

2) sortir

5) lire

6) faire le ménage

3) parler avec des amis

4) travailler

7 Où est la banque?

道をたずねる

動詞 aller，命令法，前置詞と定冠詞の縮約，動詞 prendre

▎DIALOGUE ▎

1 音声を聴いて，表現を練習しましょう。　▶㊶

Satoru	Il y a une poste près d'ici ?
Une dame	Pardon ?
Satoru	Pour aller à la poste, s'il vous plaît. *J'ai besoin d'envoyer des cartes postales*.
Une dame	Ah, c'est juste à côté de la banque.
Satoru	*Où est la banque ?*
Une dame	Allez jusqu'au café. Là, *tournez à droite*. Ensuite *allez tout droit*. La banque est sur votre gauche.
Satoru	Merci, madame.
Une dame	De rien. Au revoir.

2 次の日本語にあたる表現を，DIALOGUE の中から抜き出しましょう。

葉書を出さないといけない	
銀行はどこですか？	
右に曲がってください	
まっすぐ行ってください	

■ aller → 文法 B p.57　■ 命令法 → 文法 C p.59

3 □で囲まれた à la と au は同じ意味ですが，なぜ形がちがっているかを考えてみましょう。

■ 前置詞と定冠詞の縮約 → 文法 C p.60

EXERCICES

1 イラストにあう表現を選択肢から選びましょう. ▶㊷

1)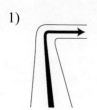

2)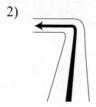

3)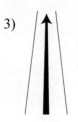

....

4)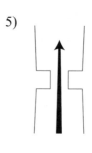

5)

....

---
aller tout droit   tourner à gauche   tourner à droite   prendre la première rue à droite
traverser le pont
---

2 右ページのイラストを見て文章を完成させましょう. ▶㊸

1) Pour aller au musée, s'il vous plaît !
— Vous (   ) tout droit, vous (   ) le Pont Lyon et vous (   ) à gauche.

2) Où est la cathédrale ?
— Vous (   ) la deuxième rue (   ) (   ).   ■ **prendre** → 文法 B p.57

3 次の PRATIQUE のイラストを見て，次の質問に答えてみましょう． ▶㊹

1) Pour aller à l'Hôtel de Ville, s'il vous plaît !
2) Il y a une poste près d'ici ?

   1) ....

   2) ....

▌PRATIQUE ▌

地図を用いて，道をたずねて答えるやりとりをしましょう． ▶㊺

例　Pour aller à la cathédrale, s'il vous plaît.
　　—Allez tout droit et...

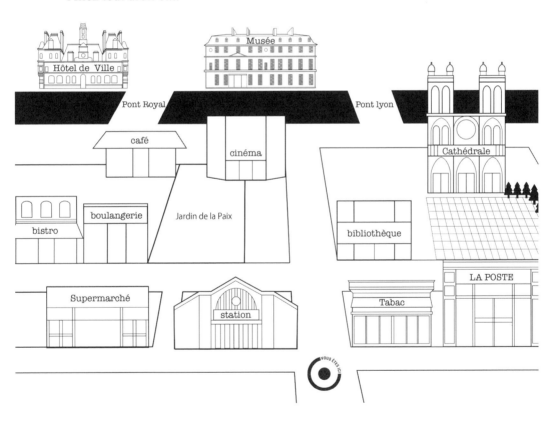

8 On va faire du shopping?

カフェで

動詞 pouvoir，近い未来，部分冠詞，動詞 boire

▌DIALOGUE ▌

1 音声を聴いて，表現を練習しましょう． ▶㊻

Pierre	Qu'est-ce que tu prends, Mika?
Mika	*Je prends du chocolat*. J'ai un peu froid. Et toi, Pierre?
Pierre	Moi, *j'ai faim*. Je prends un sandwich.
	Monsieur, s'il vous plaît!
Le garçon	J'arrive!
Pierre	Un chocolat, un sandwich ... et une bière.
Le garçon	Très bien.
Pierre	*On peut fumer ici?*
Le garçon	Désolé. Dans la salle, c'est interdit.
Pierre	Ah bon. Tant pis.
Mika	Pierre, cet après-midi, *on va faire du shopping*?

2 次の日本語にあたる表現を，DIALOGUEの中から抜き出しましょう．

私はココアを飲みます	
お腹が空いている	
ここでタバコを吸えますか？	
ショッピングに行かない？	

■ pouvoir, aller（近い未来）→ 文法 B p.57

3 on はいろいろな意味で使われる代名詞です．ここではどんな意味で使われているでしょうか．

4 *du* chocolat と *un* chocolat の違いを考えてみましょう． ■ 部分冠詞→ 文法 A p.52, p.53

▌ EXERCICES ▌

1 指示にしたがって，（　）に適切な冠詞を書き入れましょう．　　　　　▶㊼

　　a) 不定冠詞を入れてください．

　　1) (　　　　) café au lait, s'il vous plaît.

　　2) (　　　　) bière, s'il vous plaît.

　　3) (　　　　) croissant, s'il vous plaît.

　　b) 部分冠詞を入れてください．

　　1) Je prends (　　　) café et (　　　) pain avec (　　　) confiture.

　　2) Tu as (　　　) argent ?

　　3) Vous avez (　　　) chance !

2　　あなたは体が 1)～4) のような状態のとき，どうしますか．例にならってフランス語の文章を作ってみましょう．　　　　　▶㊽

　　　　例　J'ai froid.　Je vais mettre un pull.

　　1) avoir soif

　　　→ ....

　　2) avoir sommeil

　　　→ ....

　　3) avoir mal à la tête

　　　→ ....

　　4) avoir chaud

　　　→ ....

解決策

| acheter des médicaments | boire de l'eau | prendre du café noir | prendre de la glace |

■ **boire** → 文法 **B** p.57

33

3 以下のような場所で「〜できますか？」「〜してもいいですか？」と可能性を確かめたり，許可を求める場合どのように言いますか？　例にならい，下の表現を使ってフランス語の文章を作ってみましょう． ▶㊾

例

A la boutique

On peut payer avec une carte de crédit ?

Au musée

1) ....

A la banque

2) ....

A la poste

3) ....

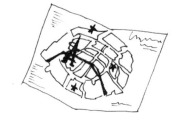

A l'office de tourisme

4) ....

A l'hôtel

5) ....

Au restaurant

6) ....

────── この表現を使いましょう ──────

prendre des photos	envoyer ce paquet au Japon
avoir une carafe d'eau	changer des yens en euros
avoir le plan de la ville	prendre le petit déjeuner dans la chambre

▌ PRATIQUE ▌

日本語の「メニュー」はフランス語では carte と言い，フランス語の menu はコース料理のことです．下の Menu から食べたいものを選びましょう．次に客とウェイターになり，隣の人と例にならって練習しましょう．　　　　　　　　　　　　　　　　　　　　　　　　　▶︎㊿

例

客	La carte, s'il vous plaît.
ウェイター	Voilà, madame.
	(...)
客	Comme entrée, je prends une salade au foie gras. Et puis un canard à l'orange, et un sorbet au citron, s'il vous plaît.
ウェイター	Très bien.
	(...)
客	L'addition, s'il vous plaît.

Menu à 30 €

Entrée:

Fruits de mer
Salade au foie gras
Douze escargots

Plat:

Sole meunière
Steak frites
Canard à l'orange

Dessert:

Millefeuille
Sorbet (ananas, citron)
Tarte au fromage

35

9 Le prochain train part à quelle heure? 列車で郊外へ行く

時刻の表現，動詞 partir，代名動詞

∎ DIALOGUE ∎

1 音声を聴いて，表現を練習しましょう. ▶⑤1

Mika Bonjour, monsieur. Je voudrais aller à Chartres.
Le prochain train part à quelle heure ?

Guichetier Euh... *il part à 10 heures 25.* Dans 30 minutes.

Mika *Quand est-ce que nous arrivons à Chartres ?*

Guichetier A 11 heures quarante.

Mika Très bien. Deux allers-retours, en seconde classe, s'il vous
plaît.

Guichetier Voilà deux billets.
Ça fait 57 euros 60.
N'oubliez pas de composter !

2 次の日本語にあたる表現を，DIALOGUE の中から抜き出しましょう.

次の列車は何時に出ますか？	
それは10時25分に出ます	
いつシャルトルに着きますか？	
忘れずに切符を改札機に通してください！	

∎ partir → 文法 B p.57

3 列車で旅行するときに必要な語を覚えましょう. ▶⑤2

billet	( )	TGV	( )
aller-retour	(往復)	aller simple	( )
première classe	( )	seconde classe	(2等車)
fumeurs	(喫煙スペース)	non-fumeurs	( )
départ	( )	arrivée	( )

36

EXERCICES

1 時間の表現を練習しましょう. ▶53

— Quelle heure est-il ?

Il est (   ) heure juste.

Il est (   ) heures cinq.

Il est (   ) heures et quart.

Il est (   ) heures et (   ).

Il est (   ) heures moins (   ).

Il est (   ) heures moins (   ) (   ).

Il est midi.

Il est minuit.

2 音声を聴いて, 以下の目的地に向かう列車の出発時刻を書き取りましょう. また, どんな切符を何枚買ったのかもチェックしてください. ▶54

destination	heure du départ	billet	aller simple aller-retour	classe
1) Marseille		1		2e classe
2) Bordeaux			aller simple	
3) Rennes				1ère classe

37

PRATIQUE

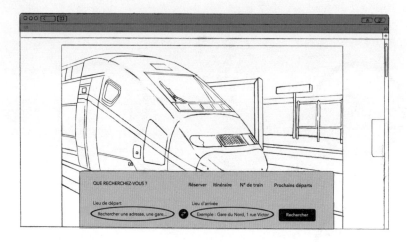

1 例にならって以下のメモの内容の切符を買う表現を作ってみましょう． ▶㊺

例　Trois billets allers-retours pour Chartres
　　　en seconde classe, s'il vous plaît.

Marseille	Nantes
3枚	4枚
往復	片道
1等車	2等車

2 例にならってあなたの一日の予定を言ってみましょう． ▶㊻

■動詞の活用（代名動詞）→ 文法 **B** p.56

le matin 午前	l'après-midi 午後	le soir 晩
se lever	prendre le déjeuner	rentrer
prendre le petit déjeuner	faire des courses	prendre le dîner
rester à la maison		regarder la télé
avoir des cours		se coucher
travailler		

例　Je me lève à sept heures et demie.　J'ai un cours de français à neuf heures.
　　Je rentre à sept heures.　Je regarde la télé de sept heures à neuf heures.

10 Il pleut.

雨が降っています

天候をあらわす表現

DIALOGUE

1 音声を聴いて，表現を練習しましょう． ▶(57)

Satoru	Bonjour, est-ce qu'il y a des visites touristiques ?
L'employée	Oui, monsieur. Nous avons une visite du vignoble avec dégustation de vins.
Satoru	Mais *il pleut*.
L'employée	Si vous voulez, vous pouvez visiter le musée des vins.
Satoru	*On peut réserver ici ?*
L'employée	Bien sûr. Mais *il faut attendre une heure* pour la prochaine visite.
Satoru	Ah, bon. *Je vais réfléchir.*

2 次の日本語にあたる表現を，DIALOGUE の中から抜き出しましょう．

雨が降っています	
ここで予約できますか？	
1時間待たなければなりません	
考えておきます	

3 □で囲まれた il y a, il pleut, il fait の il は何を指していますか．考えてみましょう．

EXERCICES

1 天候を表す表現を練習しましょう．そして 1)〜5) の（ ）の表現を聞き取り，文を完成しましょう． ▶︎58

例　Il fait mauvais et froid. Je suis triste.

Il fait beau.　　Il fait mauvais.　　Il fait chaud.　　Il fait froid.

Il fait humide.　　Il neige.　　Il pleut.

Il y a du vent.　　Il y a des nuages.

1) (　　　　　　　). Il faut rester à la maison.
2) (　　　　　　　). On prend un café frappé ?
3) (　　　　　　　). Je ne vais pas à la fac.
4) (　　　　　　　). On peut se baigner dans la mer.
5) (　　　　　　　). On prend du vin chaud.

2 ツアーの申込書です．音声で Satoru と職員のやりとりを聴き，空欄をうめましょう． ▶︎59

Visite des châteaux

nom	
prénom	
heure du départ	
tarif	

▌PRATIQUE ▌

ある美術館についての情報です．内容を読んで 1)～5) の質問に答えてください．

Accès

Bus 3, 16 : arrêt Promenade des Arts

Parkings

Promenade des Arts, Marshall

Horaires

Tous les jours de 10 h à 18 h sauf le lundi, le 1er janvier,

le dimanche de Pâques, le 1er mai, le 25 décembre

Tarifs

Normal: 4 €   Réduit: 2,50 € (étudiants ou jeunes de moins de 26 ans)

Entrée libre pour les expositions de la galerie du musée

Entrée gratuite le 1er et le 3ème dimanche de chaque mois

E-mail

mamac@ville-nice.fr

Visites commentées

Tous les mercredis à 16 heures

Normal: 3 €   Réduit: 1,50 €

Photographies

Interdites dans les expositions temporaires

Autorisées sans flash et sans pied pour les œuvres de la collection du musée

---

1) Le bus pour le musée, c'est quel numéro ? （美術館へ行くバスは何番ですか．）

....

2) Est-ce que le musée est ouvert le dimanche ? （美術館は日曜日は開館していますか．）

....

3) Le musée est ouvert de quelle heure à quelle heure ? （美術館は何時から何時まで開いていますか．）

....

4) On peut prendre des photos dans le musée ? （館内では写真を撮ってもいいですか．）

....

5) Est-ce qu'il y a une réduction pour les étudiants ? （学生割引はありますか．）

....

11 J'aime mieux le tennis.

比較をする

比較級, 最上級, 動詞 venir, 近い過去

DIALOGUE

1 音声を聴いて，表現を練習しましょう． ▶⑥

Pierre　Qu'est-ce que tu regardes ?

Mika　Là, on joue au tennis.

Pierre　En France, *le foot est le sport le plus populaire,* mais *j'aime mieux le tennis.* Et toi, Mika ?

Mika　Moi aussi, j'aime le tennis. Je joue souvent au tennis avec Satoru.

Satoru　Elle joue bien. *Elle est plus forte que moi.*

Pierre　Ah bon. Là, il y a un terrain libre. On va jouer ?

Mika　Désolée. *Je viens de déjeuner.*

2 次の日本語にあたる表現を，DIALOGUE の中から抜き出しましょう．

サッカーが一番人気のあるスポーツです	
私はテニスの方が好きです	
彼女はぼくよりも強い	
私はお昼ご飯を食べたばかりです	

3 DIALOGUE から比較級と最上級の表現を抜き出しましょう． ■比較級, 最上級→ 文法 C p.61

4 近い過去のことを表す表現があります．探してください． ■venir（近い過去）→ 文法 B p.57

▌ EXERCICES ▐

1 ( ) の語を適切な形にして，比較級，あるいは最上級の文章を作ってください．　　▶⑥

1) Mika est (grand) que Satoru.　　　　　　　　　　　　　　(Mika ＜ Satoru)

→ ....

2) Pierre est (âgé) que Maria.　　　　　　　　　　　　　　(Pierre ＞ Maria)

→ ....

3) Le thé est (bon) que le café.　　　　　　　　　　　　　　(thé ＝ café)

→ ....

4) Le Mont Blanc est (haut) montagne d'Europe.　　　　　　（最上級）

→ ....

5) Pierre est (bon) étudiant de la classe.　　　　　　　　　　（最上級）

→ ....

2 1)〜4) のように誘われた時どのように断りますか．例にならって，[ ] から適切な動詞を選んで「近い過去」か「近い未来」を表す文章を完成させましょう．　　▶⑥

例　Tu bois du café ?

—Non merci.　Je *viens de* boire du lait.　[近い過去]

—Désolé(*e*), mais je *vais* aller à la fac.　[近い未来]

1) On va au restaurant ce soir ?

—Désolé, mais je (　　　　　) (　　　　　) chez moi.

2) On va aller au cinéma ?

—Je veux bien mais je (　　　　　) (　　　　　) à la bibliothèque.

3) Vous pouvez conduire ?

—Désolé.　Je (　　　　) (　　　　) (　　　　　) du vin.

4) Vous voulez jouer au tennis avec moi ?

—Non.　Je suis fatigué.　Je (　　　　) (　　　　) (　　　　) mes devoirs.

[dîner　　travailler　　finir　　boire]

PRATIQUE

以下にあげたものについて，それぞれ与えられた形容詞を用いて，比較級の文章を作りましょう．　▶㊳

例　rapide→Le Shinkansen est plus rapide que le TGV.

1) confortable　..

2) cher　..

3) pratique　..

4) économique　..

5) écologique　..

la voiture

la moto

le vélo

le bus

le taxi

le métro

12 Ça me plaît beaucoup.

買い物をする

目的語人称代名詞，指示形容詞，100以上の数字

▎DIALOGUE ▎

1 音声を聴いて，表現を練習しましょう． ▶︎㊽

Satoru　Ah, *ça me plaît beaucoup*, ce pantalon noir. Mais *il est un peu grand* pour moi. *Vous avez plus petit ?*

La vendeuse　Oui, monsieur. Attendez un instant.

　　　　　　新しいサイズを試着して…

La vendeuse　Il ⟨vous⟩ plaît, ce pantalon-ci ?

Satoru　Oui, madame. Je ⟨le⟩ prends.
　　　　Je voudrais aussi ces boucles d'oreilles.

La vendeuse　Pour votre petite amie ?

Satoru　Ah, non. *Je les offre à ma mère.*

2 次の日本語にあたる表現を，DIALOGUEの中から抜き出しましょう．

これがとても気に入りました	
少し大きいです	
もっと小さいのはありますか？	
それを母へプレゼントします	

3 ☐で囲まれたvous, leはいずれも動詞の目的語になっている代名詞です．それぞれなにを指していますか？ DIALOGUEには他にも目的語人称代名詞があります．探してみましょう．

■目的語人称代名詞→ 文法 C p.60

4 Satoruは何を買いましたか？ その単語には「この，その」という意味を表す指示形容詞がついています．その形を確認しましょう．

■指示形容詞→ 文法 A p.52, p.54

▌EXERCICES ▌

1 [　] に適切な目的語人称代名詞を下の表から選んで入れてください.　　　▶︎⑥⑤

　　1) Tu manges ces gâteaux ?　　　　　　　このケーキを食べる?

　　　—Non, je ne [　　] mange pas.　　　　—いや, それは食べない.

　　2) Je peux essayer ce pantalon ?　　　　このズボンを試着していいですか?

　　　—Oui, vous pouvez [　　] essayer.　　—はい, どうぞ試着できますよ.

　　3) Cette jupe plaît à Sophie ?　　　　　ソフィーはそのスカートを気に入ってますか?

　　　—Oui, elle [　　] plaît beaucoup.　　—はい, 彼女はとても気に入っています.

　　4) Nous pouvons venir chez toi ce soir ?　今晩, みんなできみの家に行っていい?

　　　—Bien sûr. Je [　　] invite.　　　　—もちろん. きみたちを招待するよ.

　　5) Cet étudiant téléphone à ses parents ?　その学生は両親に電話をしているのですか.

　　　—Oui, il [　　] téléphone.　　　　　—はい, 彼は彼らに電話をしています.

直接目的語代名詞	l'	les	vous
間接目的語代名詞	lui	leur	

2 100以上の数詞を覚えましょう.　　　　　　　　　　　　　　　　　　　▶︎⑥⑥

　　　cent (100)　　cent cinquante (150)　　deux cents (200)　　cinq cents (500)

　　　mille (1000)　　mille neuf cent quatre-vingt-dix-huit (1998)　deux mille dix-neuf (2019)

3 a) 数量を表す表現を覚えましょう.　　　　　　　　　　　　　　　　　　▶︎⑥⑦

　　　un kilo de cerises　　　　　　　　*deux kilos de* cerises

　　　un gramme de sel　　　　　　　　*cent grammes de* sel

　　　une tranche de jambon　　　　　　*trois tranches de* jambon

b) Satoru が買い物をします．何をどれだけ買ったか聴き取り，（ ）に数字を入れてください．
そして全部でいくらになったか計算してみましょう．合計3問出題します．　　　　　▶︎㊸

— Bonjour, monsieur.
— Je voudrais (ⓐ) gramme(s) de cerises et (ⓑ) kilo(s) de pommes, s'il vous plaît.
— Avec ça ?
— (ⓒ) tranche(s) de jambon, s'il vous plaît.
— C'est tout ?
— Oui. C'est combien ?

1) ⓐ　　　ⓑ　　　ⓒ　　　: euros

2) ⓐ　　　ⓑ　　　ⓒ　　　: euros

3) ⓐ　　　ⓑ　　　ⓒ　　　: euros

cerise
2 euros / 100g

pomme
5 euros / kg

jambon
1 euro / tranche

PRATIQUE

買い物をするときの表現です．下の表とイラストを参考に，隣の人と例にならって練習しましょう． ▶⑥⑨

例

客　Pardon madame, je voudrais essayer ce pantalon noir .
店員　Bien sûr mademoiselle, ... alors ... ça vous va ?
客　Hum... c'est un peu trop grand pour moi. Vous n'avez pas plus petit ?
店員　Un instant mademoiselle, je vous l'apporte tout de suite.
　　　新たに試着して
客　C'est parfait. Je le prends.

色を表す形容詞（couleur）

	白	青	黄	黒	赤	緑
m	blanc	bleu	jaune	noir	rouge	vert
f	blanche	bleue	jaune	noire	rouge	verte

衣服を表す名詞（vêtement）

pull (*m*)　　　chemise (*f*)　　　robe (*f*)

veste (*f*)　　　manteau (*m*)　　　chaussures (*f*: 複数)

解決策（solution）

trop cher → moins cher　　　trop juste → plus grand　　　trop sombre → plus clair

値段が高すぎる→もっと安いもの　きつすぎる→もっと大きいもの　地味すぎる→もっと派手なもの

13 On est montés à la Tour Eiffel.

帰りの飛行機で

複合過去

DIALOGUE

1 音声を聴いて，表現を練習しましょう． ▶⑦

Le passager	Vous êtes des touristes ?
Mika	Oui, nous avons passé deux semaines à Paris.
Le passager	Qu'est-ce que vous avez vu ?
Satoru	On est montés à la Tour Eiffel, *on a visité le musée du Louvre* ...
Mika	Moi, le dernier soir, *je suis allée au Sacré Cœur*. De là, j'ai découvert la vue nocturne de Paris.
Le passager	*C'était magnifique ?*
Mika	Bien sûr ! C'est mon meilleur souvenir de Paris.

2 次の日本語にあたる表現を，DIALOGUE の中から抜き出しましょう．

私たちはルーブル美術館を訪ねました	
私はサクレ゠クールに行きました	
すばらしかったですか？	

3 フランス語では過去のできごとを表すのに〈複合過去形：**avoir** / **être** の現在形＋過去分詞〉を使います．DIALOGUE の中で，この形になっている表現に下線を引いてみましょう．

■複合過去→ 文法 B p.58

49

▌ EXERCICES ▌

1 ( ) の動詞の過去分詞を巻末単語集で調べ，それを使って複合過去形の文に直しましょう.
また，どのようなときに être が用いられ，どのようなときに avoir が用いられているか考えて
みましょう.   ▶⑦

1) Vous avez (regarder:) le match de foot à la télé.

2) Elle a (manger:) du couscous à Paris.

3) Tu as (prendre:) beaucoup de photos à Paris ?

4) J'ai (voir:) Paul.

5) Je suis (aller:) en France.

6) Elle est (venir:) à Osaka hier.

7) Vous êtes (rentrer:) à la maison.

2 下のスケジュール表を参考にして，以下の質問に答えてください. それから音声を聴いて確
認しましょう.   ▶⑦

1) Quand est-ce que Mika est arrivée en France ?

   → ....

2) Qu'est-ce que Mika a visité le lundi 22 ?

   → ....

3) Qu'est-ce que Satoru a fait le lundi 22 ?

   → ....

4) Qu'est-ce que Mika et Satoru ont mangé au restaurant ?

   → ....

5) Où est-ce qu'ils sont allés le jeudi 25 ?

   → ....

	dimanche 21	lundi 22	mardi 23	mercredi 24	jeudi 25	vendredi 26	samedi 27
Mika	Paris に到着	Paris 見物 (le Louvre を訪問)	Paris 見物 (la Tour Eiffel を訪問)	restaurant でエスカルゴ des escargots を食べる	Chartres に行く	boutique で, スカート une jupe を買う	帰国
Satoru	同上	テレビ la télé でサッカー観戦 (un match de foot)	同上	同上	同上	boutique で母親にイヤリング des boucles d'oreilles を買う.	同上

50

PRATIQUE

過去にしたことを例にならって，下の表現を参考にフランス語で言ってみましょう．

例 Qu'est-ce que vous avez fait ce week-end ? 週末に何をしましたか？
—J'ai fait le ménage. —掃除をしました．

Qu'est-ce que vous avez fait cet après-midi ? 今日の午後，何をしましたか？
—J'ai vu des amis. —友だちに会いました．

Qu'est-ce que vous avez fait hier soir ? 昨晩，何をしましたか？
—Je suis allé au cinéma. —映画に行きました．

regarder la télé　　　　avoir des cours　　　　rester à la maison

jouer aux jeux vidéo　　　　travailler　　　　aller au cinéma

faire le ménage　　　　voir des amis　　　　faire du shopping

文法 A

⓪ 名詞の性・数に関係する「冠詞」と「形容詞」

性・数一致：フランス語は冠詞，形容詞などが名詞の「性」と「数」に応じて変化する．

	単数		複数	
	男性	女性	男性	女性
不定冠詞	**un**	**une**	**des**	
定冠詞	**le** (l')	**la** (l')	**les**	
部分冠詞	**du** (de l')	**de la** (de l')		
所有形容詞				
わたしの～	**mon**	**ma** (mon)	**mes**	
きみの～	**ton**	**ta** (ton)	**tes**	
彼の～ 彼女の～	**son**	**sa** (son)	**ses**	
わたしたちの～	**notre**		**nos**	
あなたの～ あなたたちの～	**votre**		**vos**	
彼らの～ 彼女らの～	**leur**		**leurs**	
指示形容詞 （この～，あの～）	**ce** (cet)	**cette**	**ces**	
疑問形容詞 （どんな～）	**quel**	**quelle**	**quels**	**quelles**

① 名詞の性と数

フランス語の名詞は，男性名詞，女性名詞に分かれる．

男性名詞	garçon 男の子	étudiant 学生	livre 本	Japon 日本
女性名詞	fille 女の子	étudiante 女子学生	maison 家	France フランス

◆ 複数形は原則として語尾に s をつける．garçon → garçons fille → filles

◆ また，国籍や職業をあらわす名詞には男性形と女性形とがあり，女性形には原則として語尾に e をつける．étudiant → étudiante

◆ 国籍や職業をあらわす名詞の一部の女性形は不規則変化をする．acteur → actrice

2 不定冠詞／定冠詞／部分冠詞

後続の名詞が，男性名詞か女性名詞かによって変化する．

a) **不定冠詞**：不特定な事物をあらわす名詞にもちいられる．

	単数	複数
男性	**un**	**des**
女性	**une**	

un garçon   *des* garçons

une fille   *des* filles

b) **定冠詞**：特定化された事物をあらわす名詞にもちいられる．

	単数	複数
男性	**le** (l')	**les**
女性	**la** (l')	

le garçon   *les* garçons

la fille   *les* filles

◆ 後続の単語が母音字（a, i, u, e, o, y），無音の h ではじまる場合，le と la は〈**l'**〉となる．
   *l'*étudiant   *l'*étudiante   *l'*hôtel

c) **部分冠詞**：数えることができず，不定量としてとらえられる名詞にもちいられる．

男性	**du** (de l')
女性	**de la** (de l')

du pain

de la salade

◆ 後続の名詞が母音字（a, i, u, e, o, y），無音の h ではじまる場合は，〈**de l'**〉となる．
   *de l'*argent   *de l'*eau   *de l'*huile

3 形容詞／指示形容詞／所有形容詞／疑問形容詞

a) **形容詞の位置と性・数一致**

1. **形容詞の位置**

   フランス語の形容詞は原則的に名詞の後ろにつく．

   　　un café *noir*   un garçon *japonais*   un livre *intéressant*

   日常的によく使ういくつかの形容詞は名詞の前につく．

   　　[petit   grand   bon   mauvais   beau   nouveau   joli *etc* ...]
   　　un *beau* garçon   un *grand* garçon   un *bon* livre

2. **形容詞の性・数一致**：フランス語の形容詞は名詞の性・数に一致して変化する．原則的には下の表の通り．

	単数	複数
男性	———	———s
女性	———e	———es

    un livre intéressant   des livres intéressant*s*

    une histoire intéressant*e*   des histoires intéressant*es*

◆ 原則的でない変化をする形容詞の例：一部の形容詞は独自の変化をするが，形容詞の語尾の形に応じた規則性がある．

性変化の例

-e → -e	roug*e* → roug*e*	un vin roug*e* → une rose roug*e*
-en → -enne	canadi*en* → canadi*enne*	un garçon canadi*en* → une fille canadi*enne*
-f → -ve	sporti*f* → sporti*ve*	un homme sporti*f* → une femme sporti*ve*
-x → -se	heureu*x* → heureu*se*	Il est heureu*x*. → Elle est heureu*se*.

数変化の例

-s → -s	japonai*s* → japonai*s*	un garçon japonai*s* → des garçons japonai*s*
-x → -x	heureu*x* → heureu*x*	Il est heureu*x*. → Ils sont heureu*x*.
-al → -aux	origin*al* → origin*aux*	un livre origin*al* → des livres origin*aux*

b) 指示形容詞　「この」「その」「あの」*etc*.

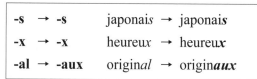

           ce livre   *ces* livres

           cette maison   *ces* maisons

◆ 後続の語が母音字，無音の h ではじまる場合，ce は **cet** となる．

  cet étudiant   *cet* hôtel

c) 所有形容詞：「わたしの〜」「あなたの〜」「彼（女）の〜」

	男性単数	女性単数	男女複数
わたしの〜	**mon**	**ma** (mon)	**mes**
きみの〜	**ton**	**ta** (ton)	**tes**
彼の〜 彼女の〜	**son**	**sa** (son)	**ses**
わたしたちの〜	**notre**		**nos**
あなたの〜 あなたたちの〜	**votre**		**vos**
彼らの〜 彼女らの〜	**leur**		**leurs**

mon livre　　*ma* maison　　*mes* livres　　*mes* maisons

◆ ma, ta, sa は母音字や無音の h の前ではそれぞれ **mon, ton, son** になる.
　 mon amie　　*ton* écharpe　　*son* histoire

d) 疑問形容詞：「どの〜」「どんな〜」

	単数	複数
男性	**quel**	**quels**
女性	**quelle**	**quelles**

quel livre　　*quels* livres
quelle fleur　　*quelles* fleurs

〈**quel**＋名詞〉の場合：*Quel* sport aimez-vous?
〈**quel**＋est (sont) 〜〉の場合：*Quel* est votre nom?　　*Quelles* sont tes voitures?

文法 B

⓪ **動詞活用**　フランス語の動詞は主語に応じて変化する.

① **être** と **avoir** の活用表

être（英語の be）

je	suis	nous	sommes
tu	es	vous	êtes
il	est	ils	sont
elle	est	elles	sont

avoir（英語の have）　　　　▶⑦

j'	ai	nous	avons
tu	as	vous	avez
il	a	ils	ont
elle	a	elles	ont

55

2-1　規則動詞(**-er** 型動詞)　不定詞が er で終わり，語尾が規則的に変化する．march*er*, aim*er* など.

je	——**e**	nous	——**ons**
tu	——**es**	vous	——**ez**
il	——**e**	ils	——**ent**
elle	——**e**	elles	——**ent**

march*er* 歩く

je	marche	nous	marchons
tu	marches	vous	marchez
il	marche	ils	marchent
elle	marche	elles	marchent

aim*er* 〜が好き　▶⑦

j'	aime	nous	aimons
tu	aimes	vous	aimez
il	aime	ils	aiment
elle	aime	elles	aiment

2-2　特殊な **-er** 型動詞

1) **acheter** 買う

j'	achète	nous	achetons
tu	achètes	vous	achetez
il	achète	ils	achètent
elle	achète	elles	achètent

2) **manger** 食べる　▶⑦

je	mange	nous	mang*e*ons
tu	manges	vous	mangez
il	mange	ils	mangent
elle	mange	elles	mangent

3　代名動詞

1) **s'appeler** 〜という名前です

je	m'appelle	nous	nous appelons
tu	t'appelles	vous	vous appelez
il	s'appelle	ils	s'appellent
elle	s'appelle	elles	s'appellent

2) **se lever** おきる　▶⑦

je	me	lève	nous	nous	levons
tu	te	lèves	vous	vous	levez
il	se	lève	ils	se	lèvent
elle	se	lève	elles	se	lèvent

4　規則動詞(**-ir** 型動詞)　不定詞が ir で終わり，語尾が規則的に変化する．fin*ir*, chois*ir* など.

je	——**is**	nous	——**issons**
tu	——**is**	vous	——**issez**
il	——**it**	ils	——**issent**
elle	——**it**	elles	——**issent**

fin*ir*　〜し終える

je	finis	nous	finissons
tu	finis	vous	finissez
il	finit	ils	finissent
elle	finit	elles	finissent

chois*ir*　〜を選ぶ　▶⑦⑧

je	choisis	nous	choisissons
tu	choisis	vous	choisissez
il	choisit	ils	choisissent
elle	choisit	elles	choisissent

⑤ 重要な不規則動詞

1) **pouvoir**　〜できる

je	peux	nous	pouvons
tu	peux	vous	pouvez
il	peut	ils	peuvent
elle	peut	elles	peuvent

2) **vouloir**　〜したい　▶⑦⑨

je	veux	nous	voulons
tu	veux	vous	voulez
il	veut	ils	veulent
elle	veut	elles	veulent

3) **prendre**　〜をとる

je	prends	nous	prenons
tu	prends	vous	prenez
il	prend	ils	prennent
elle	prend	elles	prennent

4) **faire**　〜をする　▶⑧⓪

je	fais	nous	faisons
tu	fais	vous	faites
il	fait	ils	font
elle	fait	elles	font

5) **boire**　飲む

je	bois	nous	buvons
tu	bois	vous	buvez
il	boit	ils	boivent
elle	boit	elles	boivent

6) **attendre**　待つ　▶⑧①

j'	attends	nous	attendons
tu	attends	vous	attendez
il	attend	ils	attendent
elle	attend	elles	attendent

7) **voir**　見る

je	vois	nous	voyons
tu	vois	vous	voyez
il	voit	ils	voient
elle	voit	elles	voient

8) **partir**　出発する　▶⑧②

je	pars	nous	partons
tu	pars	vous	partez
il	part	ils	partent
elle	part	elles	partent

9) **aller**　行く

je	vais	nous	allons
tu	vas	vous	allez
il	va	ils	vont
elle	va	elles	vont

◆ 〈aller＋不定詞〉近い未来を表す

10) **venir**　来る　▶⑧③

je	viens	nous	venons
tu	viens	vous	venez
il	vient	ils	viennent
elle	vient	elles	viennent

◆ 〈venir de＋不定詞〉近い過去を表す

6 複合過去：過去のある時点に完了した行為を表す.

a) 動詞の過去分詞：

原則的に -er, -ir, -oir で終わる動詞の過去分詞はそれぞれ —é, —i, —u となる.

例

aimer	→	aim*é*	marcher	→	march*é*
finir	→	fin*i*	choisir	→	chois*i*
voir	→	v*u*	vouloir	→	voul*u*

b) 複合過去の作り方

avoir + 動詞の過去分詞

Je visite Paris.　　　→　　J'*ai* visit*é* Paris.

Il mange une pizza.　→　　Il *a* mang*é* une pizza.

être + 動詞の過去分詞

Je vais à Paris.　　　→　　Je *suis* allé à Paris.

Il arrive à Osaka.　　→　　Il *est* arrivé à Osaka.

注意

1) ほとんどの動詞は助動詞に avoir をとるが，一部の自動詞は助動詞に être をとる.
   助動詞に être をとるのは，**aller, venir, arriver, sortir, partir, entrer, naître, mourir** など，
   おおむね〈身体の移動〉，〈状態の変化〉を表す動詞である.

2) 助動詞が être の場合，過去分詞が主語の性・数に一致して，変化する.

   Il est allé à Paris.

   → Ils sont allé*s* à Paris.

   → Elle est allé*e* à Paris.

   → Elles sont allé*es* à Paris.

文法 C

---

1 疑問文の作り方

a) イントネーションを上げる

b) Est-ce que[qu'] を文頭につける

c) 主語（代名詞）と動詞の倒置

Vous êtes étudiant ? ♪

Est-ce que vous êtes étudiant ?

Êtes-vous étudiant ?

3 人称単数の活用語尾が母音字の場合は -t- をおぎなって倒置する.

Aime-*t*-il le sport ?　　A-*t*-elle une voiture ?

◆ 疑問詞をともなった場合

Vous allez *où* ?　　*Où* est-ce que vous allez ?　　*Où* allez-vous ?

58

2 疑問詞の種類

où	どこ？	Vous allez *où*?
quand	いつ？	Vous partez *quand*?
comment	どうやって？	Vous voyagez *comment*?
pourquoi	なぜ？	*Pourquoi* partez-vous?
combien	どのくらい？	Vous voulez *combien*?
combien de	いくつの？	Vous voulez *combien de* croissants?
Qui ～	だれが？	*Qui* aime Laurent?
～ qui	だれを？	Sophie aime *qui*?
～ quoi?	なにを？	Vous voulez *quoi*?
Qu'est-ce que ～	なにを？	*Qu'est-ce que* vous voulez?
Que ～	なにを？	*Que* voulez-vous?

3 否定文の作り方　動詞の活用形を **ne ～ pas** ではさむ.

Je suis étudiant.　→　Je *ne* suis *pas* étudiant.

◆ 動詞が母音字，または無音の h ではじまる場合，**n' ～ pas** になる.

J'aime le sport.　→　Je *n'*aime *pas* le sport.

◆ 直接目的語の名詞につく不定冠詞，部分冠詞は，否定文の場合に **de** または **d'** になる.

J'ai une balle.　→　Je *n'*ai *pas de* balle.

4 命令法　直説法現在形の主語 tu, nous, vous を省く.（être, avoir は独自の形に変化する）

	entrer	être	avoir
tu	**entre**	**sois**	**aie**
nous	**entrons**	**soyons**	**ayons**
vous	**entrez**	**soyez**	**ayez**

◆ er で終わる動詞は，2 人称単数の場合，活用語尾の s が落ちる.

Va à l'école!　　*Marche* plus vite!

5 **目的語人称代名詞**　目的語人称代名詞は動詞の前に置かれる.

主語	je	tu	il	elle	nous	vous	ils	elles
直接目的語	**me** (m')	**te** (t')	**le** (l')	**la** (l')	**nous**	**vous**	**les**	**les**
間接目的語	**me** (m')	**te** (t')	**lui**	**lui**	**nous**	**vous**	**leur**	**leur**

Tu *m'*aimes?　　　　—Oui, je *t'*aime.

Tu regardes *la télé*?　—Oui, je *la* regarde.

Tu téléphones *à Jean*?　—Oui, je *lui* téléphone.

6 **人称代名詞強勢形**

主語	je	tu	il	elle	nous	vous	ils	elles
強勢形	**moi**	**toi**	**lui**	**elle**	**nous**	**vous**	**eux**	**elles**

a) 前置詞の後　　　　　avec *elle*　　pour *lui*　　C'est à *moi*.

b) 主語，目的語の強調　*Moi*, je prends un café.

c) 特定の表現の後　　　Et *toi*?　　C'est *moi*.　　Jean est plus grand que *moi*.

7 **前置詞と定冠詞の縮約**　前置詞 à と de の後に，定冠詞(le, les)がつづく場合，かならず縮約される.

à の場合

à le　→　| **au** |　　　*à le* Japon　　　→　*au* Japon

à la　→　| そのまま |　　*à la* poste　　　→　*à la* poste

à l'　→　| そのまま |　　*à l'*hôtel　　　→　*à l'*hôtel

à les　→　| **aux** |　　*à les* États-Unis　→　*aux* États-Unis

de の場合

de le　→　| **du** |　　　*de le* Japon　　　→　*du* Japon

de la　→　| そのまま |　　*de la* poste　　　→　*de la* poste

de l'　→　| そのまま |　　*de l'*hôtel　　　→　*de l'*hôtel

de les　→　| **des** |　　*de les* États-Unis　→　*des* États-Unis

8 比較級

```
plus
aussi   ＋ 形容詞, 副詞 ＋ que ＋ 比較の対象
moins
```

Jean est *plus* grand *que* moi.

Paul est *aussi* grand *que* moi.

Marie est *moins* grande *que* moi.

◆ plus bon → **meilleur**

→ Les voitures japonaises sont *meilleures que* les voitures françaises.

◆ plus bien → **mieux**

→ Il chante *mieux que* moi.

9 最上級

形容詞の最上級

```
(le, la, les)  ＋   plus    ＋ 形容詞 （＋de＋比較の範囲）
                   moins
```

Bernard est *le plus* travailleur *de* la classe.

Sophie est *la moins* travailleuse *de* la classe.

副詞の最上級

```
le plus
le moins   ＋ 副詞 （＋de＋比較の範囲）
```

Pierre court *le plus* vite *de* la classe.

Nathalie court *le moins* vite *de* la classe.

◆ le plus bon → **le meilleur**

◆ le plus bien → **le mieux**

綴り字の読み方

フランス語は基本的にはローマ字読みに近い発音をします．わからない時はとりあえずローマ字読みにしてみましょう．ただし，少しだけ覚えておく方がよい規則があります．最初にその重要な規則を覚えてください．

1 発音しないアルファベ　　　　　　　　　　　　　　　　　　　　　　　　　　▶84

a) 語末の **e** と語尾子音は原則として発音しない．

読んでみよう　toma*te*, salad*e*, Pari*s*, croissan*t*, restauran*t*

b) h は発音しない．（頭文字が h の場合，文法的に「無音」と「有音」に分類される）

読んでみよう　*h*ôtel, *h*ôpital

2 綴り字と発音　　　　　　　　　　　　　　　　　　　　　　　　　　　　　▶85

a) 基本的にはローマ字読みをする．

読んでみよう　station, table, garage

b) 母音字が連続する場合

1. **ou** [ウ]　　2. **au, eau** [オ]　　3. **oi** [ワ]　　4. **eu** [ウ]　　5. **ai, ei** [エ]

読んでみよう　bonj*ou*r, café *au* l*ai*t, cr*oi*ssant, fl*eu*r

c) 母音字 + **n, m**

1. **an, am, en, em** [アン]

2. **in, im, un, um, ain, aim, ein, eim** [アン]

3. **on, om** [オン]

読んでみよう　*en*core, g*en*re, s*im*ple, p*ain*, b*on*

d) 注意すべき子音

1. **ch**　　*ch*ocolat　　　[ショコラ]

2. **th**　　*th*é　　　　　　[テ]

3. **ph**　　*ph*oto　　　　[フォト]

4. **qu**　　*qu*estion　　　[ケスチオン]

5. **gn**　　monta*gn*e　　[モンターニュ]

6. **ç**　　le*ç*on　　　　　[ルソン]

読んでみよう　*ch*ance, *ch*ampagne, co*gn*ac, gar*ç*on, musi*qu*e, télé*ph*one, *th*éâtre

3 リエゾン／アンシェヌマン／エリジオン　　　　　　　　　　　　▶86

a) リエゾン

　語末の子音字は発音されないことが多いが，次に続く語が母音または無音の h で始まり，意味の上でつながりが強い場合，語末子音字と文頭の母音をつないで発音する.

　　　　　des enfants　　　plus âgé　　　nous avons　　　dans un marché

b) アンシェヌマン

　発音される語末の子音字が，次に続く語が母音または無音の h で始まる場合，つないで発音することがある.

　　　　　un enfant　　　une étudiante　　　avec elle　　　il est　　　elle a

c) エリジオン

　母音または無音の h で始まる語の前で，je / de / le / la / ce / ne / me / te / se / que などは，母音字を省略してアポストロフに置きかえる.

　　　　　la actrice　→　l'actrice　　　je habite　→　j'habite

　　　　　vous ne êtes pas　→　vous n'êtes pas

分野別単語リスト

人

職業

étudiant(e) 图 学生
lycéen(ne) 图 高校生
employé(e) 图 会社員
informaticien(ne) 图 IT 技術者
journaliste 图 記者
fonctionnaire 图 公務員
médecin 图 医者
professeur 图 教師
ingénieur 图 技師
cuisinier(ère) 图 料理人
boulanger(ère) 图 パン職人
pâtissier(ère) 图 菓子職人
vendeur(euse) 图 店員
musicien(ne) 图 音楽家
infirmier(ère) 图 看護師
écrivain 图 作家
pianiste 图 ピアニスト
chanteur(euse) 图 歌手
acteur(trice) 图 俳優
puériculteur(trice) 图 保育士
aide soignant(e) 图 介護士

国籍, 言語

japonais(e) 图 日本人, 日本語
français(e) 图 フランス人, フランス語
chinois(e) 图 中国人, 中国語
coréen(ne) 图 朝鮮人, 朝鮮語
anglais(e) 图 イギリス人, 英語
allemand(e) 图 ドイツ人, ドイツ語
espagnol(e) 图 スペイン人, スペイン語
américain(e) 图 アメリカ人, 英語
italien(ne) 图 イタリア人, イタリア語
canadien(ne) 图 カナダ人
suisse 图 スイス人
russe 图 ロシア人, ロシア語

家族

père 男 父
mère 女 母
parents 男 複 両親
frère 男 兄弟
sœur 女 姉妹
grands-parents 男 複 祖父母
grand-père 男 祖父
grand-mère 女 祖母
cousin(e) 图 いとこ
oncle 男 おじ
tante 女 おば
enfant 图 子供
garçon 男 男の子
fille 女 女の子
petits-enfants 男 複 孫
petit-fils 男 孫
petite-fille 女 孫娘

特徴, 性格

symapathique 感じがいい
gentil(le) やさしい
amusant(e) おもしろい
gai(e) 陽気な
bavard(e) 話好きな
sociable 社交的
élégant(e) 上品な
gourmand(e) 食いしん坊の
timide 内気な
méchant(e) 意地悪な
sévère 厳しい
sérieux(se) まじめな
têtu(e) 頑固な
calme 物静かな
actif(ve) 活動的な
sportif(ve) スポーツ好きな
intelligent(e) 知的な
originel(le) ユニークな
jeune 若い
agé(e) / vieux (vieille) 年上の, 年配の
grand(e) 背が高い
petit(e) 背が低い
mince 細い
gros(se) 太った
fort(e) 頑丈な
beau (belle) 美しい
joli(e) かわいい
blond(e) 金髪の
brun(e) 栗色の毛の

物

飲み物

eau minérale 女 ミネラルウォーター
vin 男 ワイン
jus (d'orange, de pomme) 男 ジュース（オレンジ, リンゴ）
thé 男 紅茶
café 男 コーヒー
bière 女 ビール
lait 男 牛乳
coca 男 コーラ

食べ物

petit-déjeuner 男 朝食
déjeuner 男 昼食
dîner 男 夕食
pain 男 パン
croissant 男 クロワッサン
riz 男 米
baguette 女 バゲット
beurre 男 バター
confiture 女 ジャム
soupe 女 スープ
viande 女 肉
poisson 男 魚
pâtes 女 複 パスタ
légume 男 野菜

tomate 囡 トマト
aubergine 囡 ナス
carotte 囡 にんじん
pomme de terre 囡 じゃがいも
salade 囡 サラダ
fruit 男 果物
orange 囡 オレンジ
pomme 囡 リンゴ
pêche 囡 桃
melon 男 メロン
fraise 囡 いちご
poire 囡 洋ナシ
banane 囡 バナナ
fromage 男 チーズ
jambon 男 ハム
sucre 男 砂糖
sel 男 塩
poivre 男 コショウ
œuf 男 卵

身の回りの物

livre 男 本, 教科書
cahier 男 ノート
crayon 男 鉛筆
gomme 囡 消しゴム
stylo (à bille) 男 万年筆（ボールペン）
dictionnaire 男 辞書
dictionnaire électronique 男 電子辞書
ordinateur 男 コンピュータ
montre 囡 腕時計
sac 男 鞄
　sac à dos 男 リュックサック
portable / smartphone 男 携帯, スマートフォン
lunettes 囡 複 眼鏡
clé 囡 鍵
portefeuille 男 財布（札入れ）
porte-monnaie 男 小銭入れ
trousse 囡 ペンケース

衣類

manteau 男 コート
blouson 男 ジャンパー
veste 囡 ジャケット
costume 男 スーツ
cravate 囡 ネクタイ
robe 囡 ワンピース
pull 男 セーター
chemisier 男 ブラウス
chemise 囡 シャツ
T-shirt 男 ティーシャツ
pantalon 男 ズボン
jean 男 ジーンズ
jupe 囡 スカート
foulard 男 スカーフ
écharpe 囡 マフラー
ceinture 囡 ベルト
chaussures 囡 複 靴
chaussettes 囡 複 靴下
baskets 囡 複 バスケットシューズ
bottes 囡 複 ブーツ

gants 男 複 手袋
piercing 男 ピアス
bague 囡 指輪
collier 男 ネックレス
bracelet 男 ブレスレット

色

blanc(blanche) 白
noir(e) 黒
bleu(e) 青
gris(e) 灰色
beige ベージュ
rouge 赤
orange オレンジ
jaune 黄
rose ピンク
vert(e) 緑
brun(e) こげ茶
violet(te) 紫

その他
日常行動

se lever 起きる
s'habiller 服を着る
se maquiller メイクをする
se préparer 身支度を整える
avoir cours 授業がある
travailler 働く
prendre le petit déjeuner 朝食を食べる
déjeuner 昼食を食べる
dîner 夕食を食べる
se reposer 休憩する
s'amuser 楽しむ
aller au café / au cinéma カフェ／映画に行く
aller à la boulangerie / au gym パン屋／トレーニング
　に行く
jouer du piano / de la guitare ピアノ／ギターをひく
faire du football / du tennis サッカー／テニスをする
jouer au[x] jeux vidéo ゲームをする
sortir 外出する
rester à la maison 家にいる
faire la cuisine / le ménage / des courses / la lessive /
　des devoirs
料理／掃除／買い物／洗濯／宿題をする
prendre une douche / un bain シャワーをあびる／風
　呂に入る
regarder la télé テレビをみる
écouter de la musique 音楽を聴く
lire 読書する
se coucher 寝る
dormir 眠る

趣味

théâtre 男 演劇
lecture 囡 読書
peinture 囡 絵画
musique 囡 音楽
rock 男 ロック音楽
jazz 男 ジャズ音楽
pop 囡 ポップ音楽

musique classique [女] クラシック音楽
voyage [男] 旅行
cinéma [男] 映画
karaoké [男] カラオケ
cuisine [女] 料理
sport [男] スポーツ
natation [女] 水泳
tennis [男] テニス
rugby [男] ラグビー
football [男] サッカー
baseball [男] 野球
ski [男] スキー
danse [女] ダンス
randonnée [女] ハイキング
la Crosse [女] ラクロス
golf [男] ゴルフ
animal [男] 動物
chien [男] 犬
chat [男] 猫
oiseau [男] 鳥
animé [男] アニメ
manga [男] 漫画
jeux vidéo [男] ゲーム

家の中
chambre [女] 寝室
salle à manger [女] 食堂
salle de bain [女] 浴室
cuisine [女] 台所
toilettes [女] 覆 トイレ
fenêtre [女] 窓
porte [女] ドア
escalier [男] 階段
ascenseur [男] エレベーター
table [女] テーブル
bureau [男] 机
télévison [女] テレビ
armoire [女] 整理ダンス
placard [男] クローゼット
lit [男] ベッド
sofa [男] ソファ
fauteuil [男] いす（ひじ掛け付）
chaise [女] いす
lampe [女] 電気スタンド
rideau [男] カーテン
tapis [男] ラグ，じゅうたん

町の中
université [女] / fac [女] 大学
école [女] 学校
librairie [女] 本屋
parc [男] 公園
banque [女] 銀行
poste [女] ポスト
supérette [女] （小さな）スーパー
supermarché [男] スーパーマーケット
magasin(de souvenir) [男] 店（土産物の）
boutique [女] 店
centre commercial [男] ショッピングモール
grand magasin [男] デパート

marché [男] 市場
tabac [男] タバコ屋
boulangerie [女] パン屋
pâtisserie [女] 菓子屋
café [男] カフェ
bistro [男] ビストロ
restaurant [男] レストラン
cinéma [男] 映画館
hôpital [男] 病院
hôtel [男] ホテル
police [女] 警察（署）
piscine [女] プール
musée [男] 美術館
club de sport [男] スポーツクラブ
gare [女] 駅（電車）
station(de métro) [女] 駅（地下鉄）
arrêt(d'autobus) [男] 駅（バス），停留所
pont [男] 橋
château [男] 城

交通手段
voiture [女] 車
train [男] 電車
métro [男] 地下鉄
bus [男] バス
avion [男] 飛行機
bateau [男] 船
vélo [男] 自転車
moto [女] バイク
pied [男] 徒歩

天気
Il fait beau / mauvais / chaud / froid / humide / frais.
　天気がよい／悪い／暑い／寒い／むしむしする／涼しい
Il pleut.　雨が降る
Il neige.　雪が降る
Il y a des nuages / du vent / du soleil.　曇っている／風がある／日差しがある
Il fait 30 degrés.　30度ある（気温）

著者紹介
内村瑠美子（うちむら　るみこ）
七尾　誠　（ななお　まこと）
後藤直樹　（ごとう　なおき）
阪口勝弘　（さかぐち　かつひろ）
釣　　馨　（つり　かおる）
中畑寛之　（なかはた　ひろゆき）
藤原　曜　（ふじわら　よう）

フランス語でサバイバル！（三訂版）

2019年2月20日 第1刷 発行
2024年3月10日 第5刷 発行

内　村　瑠　美　子
七　　尾　　誠
後　藤　直　樹
著　者ⓒ　阪　口　勝　弘
釣　　　　　馨
中　畑　寛　之
藤　原　曜
発行者　岩　堀　雅　己
印刷所　幸和印刷株式会社

発行所　101-0052東京都千代田区神田小川町3の24
電話 03-3291-7811（営業部），7821（編集部）　　株式会社 白水社
www.hakusuisha.co.jp
乱丁・落丁本は、送料小社負担にてお取り替えいたします。

振替 00190-5-33228　　　　　　　　　　　　　　　　　誠製本株式会社

ISBN978-4-560-06132-9

Printed in Japan

▷本書のスキャン、デジタル化等の無断複製は著作権法上での例外を
除き禁じられています。本書を代行業者等の第三者に依頼してスキャ
ンやデジタル化することはたとえ個人や家庭内での利用であっても著
作権法上認められていません。

提出問題　**Bonjour !**

学籍番号　＿＿＿＿＿＿＿＿＿＿＿＿＿＿

名　　前　＿＿＿＿＿＿＿＿＿＿＿＿＿＿

1. 以下の各シチュエーションのとき，どのように挨拶等をすればよいでしょうか．
例にならってフランス語で答えましょう．

例　　朝，男のひとに挨拶するとき　　　　年配の女性に感謝するとき

→ Bonjour, monsieur.　　　　　　→ Merci, madame.

1) 朝，女性の教師に挨拶するとき　　　　2) 年配の男性と別れるとき

→ ＿＿＿＿＿＿＿＿＿＿＿＿＿　　　　　→ ＿＿＿＿＿＿＿＿＿＿＿＿＿

3) 目上のひとに体調を尋ねるとき　　　　4) 仲の良い友達に挨拶するとき

→ ＿＿＿＿＿＿＿＿＿＿＿＿＿　　　　　→ ＿＿＿＿＿＿＿＿＿＿＿＿＿

5) 電車で他人の足を踏んだとき

→ ＿＿＿＿＿＿＿＿＿＿＿＿＿

2. 音声を聴いて，アルファベを書き取りましょう。　　　　　　　▶⑧⑦

1) ＿＿＿＿＿＿＿＿＿　　　2) ＿＿＿＿＿＿＿＿＿

3) ＿＿＿＿＿＿＿＿＿　　　4) ＿＿＿＿＿＿＿＿＿

提出問題　Leçon 1

学籍番号 _____

名　　前 _____

1. つぎの足し算，引き算の答えをフランス語で記入しましょう．

1) Deux plus sept égale ... ?　　　　　—...................

2) Huit plus douze égale ... ?　　　　 —...................

3) Seize moins cinq égale ... ?　　　　—...................

4) Vingt moins quatre égale ... ?　　　—...................

2. 下線部に適切な不定冠詞を記入しましょう．

1) .... étudiant　　................... étudiante　　................... étudiants

2) .... melon　　................... poire　　................... baguettes

3. 冠詞に注意して，以下をフランス語にしましょう．

1) タルト（tarte *f.*）をひとつください．

　　→ ....

2) 鉛筆（crayon *m.*）を１本ください．

　　→ ....

3) クロワッサン（croissant *m.*）を３つください．

　　→ ....

4. この課で習った重要表現を音声で聴き，それを書き取りましょう．　　　▶⑱

1) ....

2) ....

提出問題　**Leçon 2**

学籍番号

名　　前

1. 以下の単語の女性形を書き入れましょう.

1) anglais → ....

2) coréen → ....

3) cuisinier → ....

4) vendeur → ....

2. 以下の文章を3パターンの疑問文に書き分けましょう.

Vous êtes professeur.

→ ....

→ ....

→ ....

3. つぎの文章を否定文にしなさい.

1) Je suis japonais. → ....

2) Vous êtes américaine. → ....

4. この課で習った重要表現を音声で聴き，それを書き取りましょう. ▶⑧⑨

1) ....

2) ....

提出問題　**Leçon 3**

学籍番号 _____

名　前 _____

1. （　）の２つの語から適切なほうを選びましょう．

a)

1) Tu (es / est) français.

2) Nous (sont / sommes) jolies.

b)

1) Elle est (étudiant / étudiante).

2) Il est (acteur / actrice).

c)

1) (Mon / Ma) mère est grande.

2) (Mes / Ma) frères sont gentils.

d)

1) Ma sœur est (petit / petite).

2) Pierre et Paul sont (gourmand / gourmands).

2. ［　］の単語を並べ替えて文を完成させましょう．

1) C'est [actrice jolie une] ....

2) Ce sont [célèbres musiciens des] ....

3. この課で習った重要表現を音声で聴き，それを書き取りましょう．　　　▶⑩

1) ....

2) ....

提出問題　**Leçon 4**

学籍番号 _____

名　前 _____

1. あなたの自己紹介（名前，国籍，職業，家族，年齢など）をしましょう.

....

2. つぎの足し算，引き算の答えをフランス語で記入しましょう.

1) Trente plus cinquante-deux égale？ 　　　—...................

2) Quarante-cinq plus cinquante égale？ 　　　—...................

3) Quatre-vingt-huit moins vingt-trois égale？ 　　—...................

4) Soixante-dix moins neuf égale？ 　　　—...................

3. あなた自身についてつぎの質問にフランス語で答えましょう.

1) Vous avez des chats？

　→ ....

2) Vous avez une voiture？

　→ ....

4. この課で習った重要表現を音声で聴き，それを書き取りましょう.　　　　▶㉑

1) ....

2) ....

73

提出問題　**Leçon 5**

学籍番号 _____

名　　前 _____

1. 日本語に合わせて, （　　）に適切な前置詞を入れましょう.

1) テーブルの下に 1 冊の本があります.

Il y a un livre (　　　　　) la table.

2) ソフィは, たんすの前にいます.

Sophie est (　　　　　) l'armoire.

3) カバンの中にいくつかのリンゴがあります.

Il y a des pommes (　　　　　) le sac.

4) 猫たちはテーブルの上にいます.

Les chats sont (　　　　　) la table.

5) 扉の後ろに, 女の子がひとりいます.

(　　　　　) la porte, il y a une fille.

2. あなた自身についてつぎの質問にフランス語で答えましょう.

1) Quel est votre prénom ?

→ ....

2) Vous avez quel âge ?

→ ....

3) Quelle est votre nationalité ?

→ ....

3. この課で習った重要表現を音声で聴き, それを書き取りましょう.　　　　▶⑨2

1) ....

2) ....

提出問題　**Leçon 6**

学籍番号 _____

名　前 _____

1. 選択肢の中から動詞を選び，適切な形に活用させて（　　）に入れましょう．

1) Tu (　　　　　) de la musique ?

2) Il (　　　　　) un sandwich.

3) Elles (　　　　　) la gare Montparnasse.

4) Je (　　　　　) la télé.

5) Vous (　　　　　) dans la chambre ?

[manger, chercher, écouter, rester, regarder]

2. 左の質問にふさわしい，答えを右側から選んで線でむすびましょう．

1) Pourquoi il visite le Louvre ?　　　　・　　　　・ C'est un musée.

2) Qu'est-ce qu'il fait cet après-midi ? ・　　　　・ Je suis cuisinier.

3) Quelle est votre profession ?　　　　・　　　　・ Il joue au football.

4) Qu'est-ce que c'est ?　　　　　　　・　　　　・ Parce qu'il aime la peinture.

3. この課で習った重要表現を音声で聴き，それを書き取りましょう．　　　▶93

1) ....

2) ....

提出問題　**Leçon 7**

学籍番号 _____

名　前 _____

1. （　）に選択肢の中から適切な語句を選んで入れ，日本語に直しましょう.

1) Je vais (　　　) cinéma.　　　→ ....

2) Je voudrais aller (　　　) banque.　→ ....

3) Elle voyage (　　　) Etats-Unis.　→ ....

[au,　à la,　aux]

2. [　]の単語を並べ替えて，道をたずねる表現をフランス語にしましょう.

1) [café　　près d'ici　　un　　il y a]?

　→ ....

2) [à　　pour　　gare　　,　　s'il vous plaît　　la　　aller]

　→ ....

3. つぎの表現をフランス語に直しましょう.

1) 左に曲がってください.　→ ....

2) まっすぐ進んでください.　→ ....

4. この課で習った重要表現を音声で聴き，それを書き取りましょう.　　　▶︎⑨④

1) ....

2) ....

提出問題　Leçon 8

学籍番号 ______________________

名　　前 ______________________

1. つぎの表現を動詞 avoir をつかってフランス語に直しましょう.

1) 彼は寒がっています.　→ ……………………………………

2) 私は頭が痛い.　→ ……………………………………

3) 彼女は空腹です.　→ ……………………………………

2. 語群を線で結び，適切な文章を作りましょう.

1) Vous ・	・ prennent l'autobus ・	・ ou du thé ?
2) Je ・	・ prend un bain ・	・ tous les soirs.
3) Mika ・	・ prenez du café ・	・ pour aller à l'université.
4) Ils ・	・ prends du sushi ・	・ au restaurant japonais.

3. この課で習った重要表現を音声で聴き，それを書き取りましょう.　▶(95)

1) ……………………………………………………………………

2) ……………………………………………………………………

提出問題　**Leçon 9**

学籍番号 _____

名　前 _____

1. Pierre がインターネットで TGV の座席を予約しました．以下の表をもとにして質問に答えましょう．

---

1. Où et quand souhaitez-vous partir ?　　**2.** Quel confort souhaitez-vous ?

Départ de 　　　/ Paris　Lyon　　　　**Classe** 　/ ◉ 2ᵉ classe 　○ 1ᵉʳᵉ classe

A destination de / Londres　Waterloo

Départ le 　　/ 22 / décembre / vers 10h

Retour le 　　/ 4 / janvier / vers 16h

---

1) Il va où ?　　　　　　　　　→　..

2) Quand est-ce qu'il part ?　　→　..

3) Il réserve en quelle classe ?　→　..

4) Quand est-ce qu'il revient ?　→　..

2. [ ] の単語を並べ替えて，指示された内容のフランス語にしましょう．

1) 彼は11時に寝ます．　　　　　　[onze 　　se couche 　　à 　　heures 　　il]

　　→ ....

2) 私は英語の授業があります．　　[un 　anglais 　j' 　cours 　ai 　d']

　　→ ....

3. この課で習った重要表現を音声で聴き，それを書き取りましょう．　　　　▶⑨⑥

1) ....

2) ....

78

提出問題　**Leçon 10**

学籍番号 _____

名　前 _____

1. 各地の天気，時刻をフランス語で書きましょう．

　　例　ロンドン（Londres）　→　A Londres, il y a des nuages.
　　　　曇り，7時　　　　　　　　Il est sept heures.

1) 東京（Tokyo）　　　→　...
　　晴れ，12時　　　　　　...

2) パリ（Paris）　　　→　...
　　雨，6時　　　　　　　...

3) モスクワ（Moscou）　→　...
　　雪，9時半　　　　　　...

2. [　] の単語を並べ替えて，指示されたされた内容のフランス語にしましょう．

1) タクシーに乗らなければなりません． [faut　　prendre　　il　　le taxi].

　...

2) 写真を撮ってはいけません．　　　[pas　prendre　faut　ne　il　de photos].

　...

3. この課で習った重要表現を音声で聴き，それを書き取りましょう．　　　▶97

1) ....

2) ....

3) ....

提出問題　**Leçon 11**

学籍番号 _____

名　前 _____

1. 以下の表を参考にして，質問に答えましょう．

Mika	Sylvie	Satoru	Paul
162cm	176cm	176cm	182cm
20歳	19歳	20歳	26歳

例　Paul est plus grand que Sylvie ?　→　Oui, il est plus grand que Sylvie.

Satoru est plus âgé que Paul ?　→　Non, il est moins âgé que Paul.

1) Mika est plus âgée que Sylvie ?

→ ....

2) Mika est la plus grande ?

→ ....

3) Qui est le plus âgé ?

→ ....

4) Satoru est plus grand que Sylvie ?

→ ....

2. [ ]の単語を並べ替えて，指示された内容のフランス語にしましょう．

1) 私は夕食を食べたばかりです．　　[dîner　je　de　viens]

→ ....

2) 私はこれから図書館で勉強します．[à　travailler　bibliothèque　vais　la　je]

→ ....

3. この課で習った重要表現を音声で聴き，それを書き取りましょう．　　▶⑱

1) ....

2) ....

80

提出問題　**Leçon 12**

学籍番号 _____

名　前 _____

1. 下線の語を適切な目的語人称代名詞にして，（　　）に入れましょう．

1) Je donne cette chemise à Marie.

= Je (　　　　) donne à Marie.

2) Vous donnez ce pantalon à Jean ?

= Vous (　　　　) donnez ce pantalon ?

2. ［　］のなかの単語を並べ替えて，質問に対する適切な表現に直しましょう．

1) Vous prenez ces chaussures ?

[les　　je　　prends]　　　　→ Oui,...

2) Je peux essayer cette veste ?

[pouvez　　vous　　essayer　　l']　→ Oui,...

3) Tu manges ce gâteau ?

[le　　ne　　je　　pas　　mange]　→ Non,...

4) Ce manteau vous plaît ?

[ça　　plaît　　beaucoup　　me]　→ Oui,...

3. この課で習った重要表現を音声で聴き，それを書き取りましょう．　　▶⑨⑨

1) ....

2) ....

3) ....

提出問題　**Leçon 13**

学籍番号 _____

名　前 _____

1. 語群を線で結び，適切な文章を作りましょう.

1) Il y a trois jours, j'　　　　　•　　　• avons •　　　• arrivée à Paris.

2) Hier, ils　　　　　　　　•　　　• est　•　　　• vu Pierre dans cette rue.

3) Ce matin, elle　　　　　•　　　• sont •　　　• arrivés à Osaka.

4) Le week-end dernier, nous •　　　• ai　•　　　• joué au football ensemble.

2. この課の dialogue にならい，過去のこと（週末や夏休み，冬休み）をフランス語で書いてみましょう.

....

....

....

....

....

3. この課で習った重要表現を音声で聴き，それを書き取りましょう.　　　　▶⑩⑩

1) ....

2) ....

この教科書に出てくる単語　　［　］内は過去分詞

A

@ (arobase)　男　アットマーク
à　〜に，〜で，〜へ
accès　男　アクセス
accord　男　合意，和合　d'accord　いいですよ，賛成です
acheter [acheté]　買う
acteur (actrice)　女　俳優（女優）
addition　女　勘定書
adorer [adoré]　大好き
adresse　女　住所
âge　男　年齢　quel âge?　何歳？
âgé　年をとった
agence　女　代理店，取扱事務所
ah!　ああ！
aimer [aimé]　好き，愛する
aller [allé]　行く
aller-retour　男　往復，往復切符
aller simple　男　片道，片道切符
alors　それなら，その時
alphabet　男　アルファベット
américain (américaine)　アメリカ人，アメリカの
ami (amie)　女　友達
amusant　おもしろい，楽しい
an　男　年，歳
ananas　男　パイナップル
anglais (anglaise)　イギリス人，イギリスの
Angleterre　女　イギリス
août　男　8月
appeler [appelé]　呼ぶ　s'appeler　〜という名前だ
apporter [apporté]　持ってくる
après　〜の後で，〜の次に
après-midi　男　午後
Arc de Triomphe　男　凱旋門
argent　男　お金，銀
armoire　女　洋服ダンス，整理戸棚
arrêt　男　停留所
arrivée　女　到着，到着場所
arriver [arrivé]　着く，届く　J'arrive!　すぐ行きます
art　男　芸術
attendre [attendu]　待つ
au (à + le)　〜へ，aux (à + les)　〜へ
aussi　〜もまた
　aussi ＋形容詞［副詞］＋que ...　…と同じくらい〜だ
autobus　男　バス
autorisé　許可された
avec　〜と一緒に，〜をもった，〜のついた
avoir [eu]　持っている，手に入れる
avril　男　4月

B

bagage　男　荷物
bague　女　指輪
baguette　女　バゲット，細い棒，［複数形で］箸
bain　男　風呂，入浴
balle　女　ボール，球
banque　女　銀行
Bastille　バスチーユ広場
beau (belle)　美しい，きれいな，il fait beau　天気がいい

beaucoup　たくさん，とても
besoin　男　必要，欲求　avoir besoin de 〜　〜が必要だ
bibliothèque　女　図書館
bien　よく，上手に
bière　女　ビール
billet　男　切符，券
bistro　男　ビストロ，居酒屋
blanc (blanche)　白い
bleu　青い
Bof!　ちぇっ！ふん！［軽蔑・無関心を示す］
boire [bu]　飲む
bon (bonne)　よい，優れている，おいしい
bonjour　おはよう，こんにちは
bonsoir　こんばんは
Bordeaux　ボルドー
boucle d'oreilles　女　イヤリング
boulangerie　女　パン屋
boulevard　男　（並木のある都会の）大通り
boutique　女　店，ブティック
bracelet　男　ブレスレット
bus　男　バス

C

ça　これ，それ，あれ
café　男　コーヒー，カフェ，喫茶店
　café au lait　男　カフェ・オ・レ
cahier　男　ノート，帳面
calme　静かな，穏やかな
camembert　男　カマンベール
canadien (canadienne)　カナダ人，カナダの
canard　男　鴨，アヒル
carafe　女　水差し
carte　女　メニュー，カード
　carte de visite　名刺
　carte postale　絵はがき
　carte de crédit　クレジットカード
cathédrale　女　大聖堂
ce (cet, cette, ces)　この，その，あの
ce　指示代名詞
　c'est 〜
　ce sont 〜
célèbre　有名な
cerise　女　サクランボ
chaise　女　椅子
chambre　女　部屋，寝室
champagne　男　シャンパン
chance　女　運，幸運，機会
changer [changé]　変える，両替する，乗り換える
chanter [chanté]　歌う
chanteur (chanteuse)　女　歌手
chaque　〜ごと，毎〜
Chartres　シャルトル
chat　男　猫
château　男　館，城塞，蔵元
chaud　暑い，熱い，暖かい
chauffeur　男　運転手
chaussure　女　靴，履物
chemise　女　（男性用の）シャツ，ワイシャツ

cher （値段が）高い

chercher [cherché] 探す　aller *chercher*　迎えに行く

chez　〜の家で

chien 男 犬

Chine 女 中国

chinois (chinoise) 中国人，中国の

chocolat 男 ココア，チョコレート

choisir [choisi] 選ぶ

chose 女 もの，品物，こと

ci こちらの，この

cigarette 女 タバコ

cinéma 男 映画，映画館

citron 男 レモン

clair 明るい

classe 女 等級，クラス，教室

clé 女 かぎ

coca-cola 男 コカコーラ

cognac 男 コニャック（コニャック地方産のブランデー）

collection 女 収集品，コレクション

combien いくら，いくつ

comme 〜のように，〜として

comment どのように，どんな

commenté ガイド付き

compliqué 複雑な，厄介な

composé 色々まざった

composter [composté] （切符を）自動改札機にかける

conduire [conduis] 運転する

confiture 女 ジャム

confort 男 快適さ，安楽，（住居・車両等の）設備

confortable 快適な

connexion 女 接続

connu 知られている，有名な，評判の

consulter [consulté] 参照する

Corée 女 朝鮮

coréen (coréenne) 朝鮮人，韓国人，朝鮮の，韓国の

côté 男 側面，わき腹

　à *côté* de 〜　〜の隣に，近くに

couleur 女 色，絵の具

courir [couru] 走る

cours 男 講義，授業，流れ

course 女 走ること，競走

　faire des *courses*　買い物をする

couscous 男 クスクス（蒸した粗びきの小麦に，肉・野菜を添え，香辛料の利いたスープをかけて食べる北アフリカの料理）

cravate 女 ネクタイ

crayon 男 鉛筆

croissant 男 クロワッサン，三日月

cuisinier (cuisinière) 名 料理人，コック

D

dame 女 婦人

dans 〜の中に，〜後に，〜以内に

de 〜から，〜の

débrouiller [débrouillé] 解決する

　se *débrouiller* うまくやる，切り抜ける，何とかする

décembre 男 12月

découvrir [découvert] 発見する，見つける，見渡す

dégustation 女 試飲，試食

déjeuner 男 昼食

déjeuner [déjeuné] 昼食を食べる

demi 半分の，2分の1，名詞＋et *demi(e)*　…半

départ 男 出発，発車，始まり

dernier (*dernière*) 最後の，この前の，最新の

derrière 〜の後ろに，〜の次に

des いくつかの，いく人かの

désolé 申し訳ない，残念だ

dessert 男 デザート

destination 女 目的地，行先，用途，使い道

deuxième 2番目の，2等の

devant 〜前に，〜の前で

devoir 男 宿題，義務

dialogue 男 対話，ディアローグ

dimanche 男 日曜日

dîner 男 夕食

dîner [dîné] 夕食をとる

domicile 男 住所

donner [donné] 与える

dormir [dormi] 眠る

double 二倍の，二重の，裏表のある

　chambre *double* ツインルーム

douche 女 シャワー

droit まっすぐに，一直線の

droite 女 右，右側　à *droite* 右に，右側に

E

eau 女 水

écharpe 女 マフラー，ショール

école 女 学校，*école* primaire 小学校

écologique 環境にやさしい

économique 経済的，安上がり

écouter [écouté] 聴く

écran 男 画面

égaler [égalé] 〜に等しい，〜に匹敵する

élégant 上品な，エレガントな，気の利いた

elle (elles) 彼女は，それは（彼女たちは，それらは）

e-mail 男 Eメール

employé (*employée*) 名 サラリーマン，従業員

encore まだ，依然として，また，もっと

enfant 名 子ども

ennuyeux (*ennuyeuse*) 退屈な，困った，わずらわしい

ensemble いっしょに，同時に

ensuite それから，次に

entrée 女 アントレ（スープまたは前菜と肉料理のあいだに出る料理），入ること，入口，入場

entrer [entré] 入る，加入する

envoyer [envoyé] 送る，発送する，派遣する，行かせる

escargot 男 エスカルゴ，カタツムリ

essayer [essayé] 試してみる，〜しようと試みる

et そして，〜と

Etats-Unis 男複 アメリカ合衆国

être [été] 〜である，〜にいる

étudiant (*étudiante*) 名 学生

euro 男 ユーロ（2002年1月1日よりヨーロッパ連合統一通貨．記号は€，略すときはEUR.）

Europe 女 ヨーロッパ

Eurostar 男 ユーロスター

excitant わくわくさせる，興奮させる

excuser [excusé] 許す，かばう　*Excusez*-moi すみません

exercice 男 練習問題，練習，訓練

exposition 囡 展覧会

F

fac (faculté) 囡 大学，能力，才能
faim 囡 空腹，飢え avoir *faim* 空腹だ
faire [fait] 〜をする，作る，〜になる，〜させる
falloir [fallu] il *faut* 〜が必要である，〜しなければなら
ない
famille 囡 家族，一族
fatigant 疲れる，うんざりさせる
fatigué 疲れた，くたびれた
fax 團 ファックス
femme 囡 女性，妻
  femme au foyer 主婦
fenêtre 囡 窓
fermé 閉じた，«Fermé» 閉店
février 團 2月
fille 囡 娘，女の子
fils 團 息子
finir [fini] 終える，終わる
flash 團 フラッシュ
fleur 囡 花
foie 團 肝臓，レバー *foie* gras フォアグラ
foot (football) 團 サッカー
fort 強い，たくましい，丈夫な
français (*française*) フランス人，フランスの
France 囡 フランス
frère 團 兄，弟
frites 團 圈 フライドポテト
froid 寒い，冷たい
fromage 團 チーズ
fruit 團 果物 *fruits* de mer 海の幸（貝類やエビ・カニ
  類，魚は含まない）
fumer [fumé] タバコを吸う，煙を出す
fumeur 團 喫煙車，喫煙者

G

galerie 囡 展示室
garage 團 ガレージ，車庫，修理工場
garçon 團 男の子，給仕，ボーイ
gare 囡 （鉄道の）駅
gâteau 團 菓子，ケーキ
gauche 囡 左，左側 à *gauche* 左に，左側に
genre 團 ジャンル，種類，流儀
gentil (*gentille*) 親切な，優しい，おとなしい
glace 囡 アイスクリーム，氷
gourmand 食いしん坊の，食い道楽の
gramme 團 グラム（g）
grand 大きい，年長の，偉大な
grand-père (grand-mère) 祖父（祖母）
gratin 團 グラタン
gratuit 無料の
guichetier (guichetière) 図 窓口の係員

H

habiter 住む
haut 高い，上の，高所の
heure 囡 時間，時刻
heureux (*heureuse*) 幸せな，運がいい
hier 昨日

histoire 囡 物語，歴史
homme 團 男，人間
hôpital 團 病院
horaire 團 時刻（表）
hôtesse de l'air 囡 客室乗務員
hôtel 團 ホテル
  hôtel de ville 市役所
huile 囡 油，オイル
humide 湿った，ぬれた，雨が多い

I

ici ここ
il (ils) 彼は，それは（彼らは，それらは）
il y a 〜がある，（今から）〜前に
instant 團 瞬間，Un *instant* ちょっと待って
intelligent 賢い
interdit 禁じられた
intéressant 面白い，興味深い，得な
Internet 團 インターネット
inviter [invité] 招待する
Italie 囡 イタリア
italien (*italienne*) イタリア人，イタリアの

J

jambon 團 ハム
janvier 團 1月
Japon 團 日本
japonais (*japonaise*) 日本人，日本の
jardin 團 庭
jaune 黄色の
jazz 團 ジャズ
je 私は
jeu vidéo 團 テレビゲーム
jeudi 團 木曜日
jeune 若い／図 青少年
joli きれいな
jouer [joué] 遊ぶ，（スポーツなどを）する
jour 團 1日，日
journaliste 図 ジャーナリスト
juillet 團 7月
juin 團 6月
jupe 囡 スカート
jus 團 ジュース
jusque 〜まで
juste ちょうど，正確に，公平な

K

kilo (kilogramme) 團 キログラム（kg）

L

là そこ，あそこ
lait 團 ミルク，牛乳
le (la, les) その，あの，〜というもの
leçon 囡 課，授業，レッスン
leur (leurs) 彼らの
lever [levé] 上げる，起こす se *lever* 起きる
liaison directe 囡 直通
libre 自由な，無料の
lieu 團 場所，現場
ligne 囡 路線，線 Grande *Ligne* 長距離線

lire [lu] 読む
lit 男 ベッド
livre 男 本
Londres ロンドン
lourd 重い
Louvre 男 ルーヴル
lundi 男 月曜日
lunettes 女複 めがね
lycéen (lycéenne) 名 高校生
Lyon リヨン

M

Madame 奥さん，（既婚女性に対する）～さん
Mademoiselle お嬢さん，（未婚女性に対する）～さん
magnifique すばらしい，見事な
mai 男 5月
mais しかし，でも
maison 女 家
mal 男 痛み，災い，不都合 avoir *mal* à ～ ～が痛い
manga 男 マンガ
manger [mangé] 食べる
manteau 男 コート
marché 男 市場
marcher [marché] 歩く
mardi 男 火曜日
marre → J'en ai *marre*. うんざりだ，もうたくさん
mars 男 3月
Marseille マルセイユ
match 男 試合，競技
matin 男 朝，午前
mauvais 悪い，まずい il fait *mauvais* 天気が悪い
médecin 名 医者
médicament 男 薬
meilleur bon の優等比較級
melon 男 メロン
ménage 男 家事，掃除
　faire le *ménage* 掃除する
menu 男 定食，コース料理
mer 女 海
merci 男 ありがとう Non *merci*. 結構です
mercredi 男 水曜日
mère 女 母親
métro 男 地下鉄，メトロ
mettre [mis] 置く，着る
(à la) meunière ムニエルにした
midi 男 正午，昼食時
Midi (le Midi) 男 南仏
mieux bien の優等比較級
mignon (mignonne) かわいい
millefeuille 男 ミルフィーユ（薄い層に焼いたパイにクリ
　ームを挟んだお菓子）
minuit 女 真夜中，夜中の12時
minute 女 分，ごく短い時間
mince 細い，すらりとした，薄い
mode 女 流行，à la *mode* 流行の
moi 私（強勢形）
moins マイナス *moins* + 形容詞（副詞） より少なく～
mois 男 月，1か月
mon (ma, mes) 私の
Monsieur ～氏，（男性に対する）～さん

mont Blanc 男 モン=ブラン（ヨーロッパ最高峰の山，標
　高4810m）
montagne 女 山，山地
monter [monté] 登る，上がる，乗る
Montparnasse モンパルナス
montre 女 腕時計
Moscou モスクワ
moto 女 オートバイ
mourir [mort] 死ぬ，枯れる
musée 男 美術館，博物館
musicien (*musicienne*) 名 音楽家
musique 女 音楽

N

nager [nagé] 泳ぐ，浮かぶ
naissance 女 誕生，出生
naître [né] 生まれる
Nantes ナント
nationalité 女 国籍
ne (ne ～ pas) ～ではない
neiger [neigé] 雪が降る
nocturne 夜の
noir 黒い
nom 男 名前，姓
non いいえ，いや（否定の答え）
non-fumeurs 名 非喫煙者 place *non-fumeurs* 禁煙席
normal 普通の，正規の
notre (nos) 私たちの
nous 私たちは
nouveau (*nouvelle*) 新しい，新規の
novembre 男 11月
nuage 男 雲
nuit 女 夜 ～泊 Bonne *nuit*! おやすみ
numéro 男 番号

O

occupé 忙しい，ふさがった，使用中の
octobre 男 10月
œuf 男 卵
œuvre 女 作品
office 男 公社，庁，*office* de tourisme 観光協会
offrir [offert] 贈る，提供する，おごる，示す
on 人は，誰かが，私たちは，私は
oncle 男 叔父，伯父
orange 女 オレンジ
ordinateur 男 コンピュータ
oreille 女 耳
original もとの，オリジナルの，独創的な
ou または，あるいは，[命令文のあとで] さもないと
où どこに，どこへ
oublier [oublié] 忘れる
oui はい（肯定の答え）
ouvert 開いた，あいている，営業中の

P

pain 男 パン
paix 女 平和
pantalon 男 ズボン
Pâques 女 復活祭
paquet 男 小包

par 〜を通って，〜によって，〜ずつ

parc 男 公園 *parc* de stationnement 駐車場

parce que 〜 なぜなら〜，〜だから

pardon すみません，失礼，えっ？（相手に聞き返すとき）

parents 男複 両親，父母

paresseux (*paresseuse*) 怠け者の，不精な

parfait 完璧な

Paris パリ

parking 男 駐車場

partir [parti] 出発する，出かける
　　à *partir* de 〜 〜から

pas (ne 〜 pas) 〜でない

passager (passagère) 図 乗客，同乗者

passer [passé] 過ごす，通る，渡す

pâtissier (pâtissière) 図 菓子職人，ケーキ屋

payer [payé] 支払う

peinture 女 絵画

père 男 父親

pers. (personne) 女 人，人柄

personne 誰も〜ない

petit 小さい

petit-déjeuner 男 朝食

peu あまり〜でない，ほとんど〜ない
　　un *peu* 少し，少々

photographie (photo) 女 写真

pied 男 足，三脚

pis より悪く tant *pis* 仕方がない，自業自得だ

pizza 女 ピザ

place 女 座席，場所，広場

plaire [plu] 気に入る，好かれる

plan 男 地図

plat 男 料理（メインとなる肉や魚料理）／平らな

pleuvoir [plu] 雨が降る il *pleut* 雨が降る

plus プラス *plus* + 形容詞(副詞) より多く〜

poire 女 洋ナシ

pomme 女 リンゴ

pont 男 橋

populaire 人気のある，大衆の

porte 女 ドア，扉，門

poste 女 郵便局

pour 〜のために，〜行きの，〜の期間

pourquoi なぜ，どうして

pouvoir [pu] 〜できる，〜かもしれない

pratique 女 実践，経験／便利な

premier (*première*) 最初の，初めての，1等の

prendre [pris] 食べる，飲む，乗る，手に取る，着る，買う

prénom 男 名前

près de 〜の近くに

prier [prié] 頼む，祈る je vous en *prie* どういたしまして

problème 男 問題，課題，難題

prochain 次の，今度の

professeur 図 先生

profession 女 職業

promenade 女 散歩道

puis それから，次に

pull 男 セーター

Q

quand いつ，〜する時に

quart 男 15分，4分の1

que (ne 〜 que...) …しか〜ない

que 何，なんと

quel (quelle, quels, quelles) どんな，何

quelque いくつかの，少数の
　　quelque chose 何か，ある物（事）

qu'est-ce que 〜 何を〜

question 女 質問，問い

qui 誰

quoi 何

R

rapide 速い

réceptionniste 図 フロント係，受付係

réduction 女 割引き

réduit 割引の

réfléchir [réfléchi] 検討する，考える

regarder [regardé] 見る，眺める

Rennes レンヌ

rentrer [rentré] 帰宅する，戻る

réserver [réservé] 予約する，取っておく
　　place *réservée* 予約席

restaurant 男 レストラン

rester [resté] 居続ける，とどまる，残る

retour 男 帰ること，戻ること，帰路

revoir 男 再会 au *revoir* さようなら

riche 金持ちの，裕福な，豊かな

rien (ne 〜 rien) 何も〜ない de *rien* どういたしまして

rivière 女 河

robe 女 ドレス，ワンピース

rose 女 バラ

rouge 赤い

royal 王の，立派な

rue 女 通り，…街（両側に人家の並ぶ街路）

S

sac 男 カバン，バッグ，袋

Sacré-Cœur 男 サクレ=クール寺院

salade 女 サラダ

salle 女 室，ホール *salle* de bains 浴室

salut 男 あいさつ，やあ，じゃあまた

samedi 男 土曜日

sandwich 男 サンドイッチ

sans 〜なしに

sauce 女 ソース

sauf 〜を除いて

second 第2の，2番目の，2等の

sel 男 塩

semaine 女 週，1週間

Séoul ソウル

septembre 男 9月

serveur (serveuse) 図 ウェイター，ウェイトレス

shopping 男 ショッピング，買い物

si もし〜ならば

simple 簡単な，気取らない，シングルの

smartphone 男 スマートフォン

sœur 女 姉，妹

soif 女 渇き，avoir *soif* 喉が渇く

soir 男 夕方，晩

sole 女 シタビラメ

soleil 男 太陽

sommeil　男　眠気，睡眠，avoir *sommeil*　眠い
sombre　暗い
son (sa, ses)　彼の，彼女の
sorbet　男　シャーベット
sortie　女　出口，外出　*sortie* de secours　非常口
sortir [sorti]　外出する，出る
souhaiter [souhaité]　願う，望む
soupe　女　スープ
sous　～の下に
souvenir　男　思い出，土産
souvent　しばしば，よく，多くの場合
sport　男　スポーツ
sportif (*sportive*)　スポーツ好きな
station　女　（地下鉄の）駅
steak　男　ステーキ
stylo　男　万年筆，ペン
suite　女　続き，結果　tout de *suite*　すぐに
supermarché　男　スーパーマーケット
sur　～の上に　*sur* votre gauche　あなたの左側に
sûr　確かな，確実な，bien *sûr*　もちろん，確かに
sushi　男　寿司
sympa (sympathique)　感じのいい，気持ちのよい

T

tabac　男　タバコ屋
table　女　テーブル，机
tant　そんなに，*tant* pis　仕方がない
tante　女　叔母，伯母
tapis　男　ラグ，じゅうたん
tarif　男　料金，価格，値段
tarte　女　タルト（果物などをのせたパイ）
　　tarte aux pommes　リンゴのタルト
taxi　男　タクシー
télé (télévision)　女　テレビ
téléphone　男　電話
téléphoner [téléphoné]　電話する
temporaire　一時的な，臨時の
tennis　男　テニス
terrain　男　グランド，土地，分野
tête　女　頭
TF1　フランスのテレビ局
TGV　男　train à grande vitesse　フランス新幹線
thé　男　茶，紅茶
théâtre　男　劇場，演劇，芝居
toi　きみ（強勢形）
tomate　女　トマト
ton (ta, tes)　きみの
Tour Eiffel　女　エッフェル塔
tourisme　男　観光，観光旅行
touristique　観光の
touriste　名　観光客
tourner [tourné]　曲がる，回る
tout (toute, tous, toutes)　…全体，…のすべて（すべての）
train　男　列車
tranche　女　一切れ，薄切り
travailler [travaillé]　働く，勉強する
travailleur (*travailleuse*)　勤勉な，働き者の
traverser [traversé]　渡る
très　とても，非常に，大変
triste　悲しい

trop　あまりに～すぎる
trouver [trouvé]　見つける，気づく，会う，～と思う
tu　きみは

U

un (une)　ひとつの，ひとりの，ある～
université　女　大学
utiliser [utilisé]　使う，利用する

V

valise　女　スーツケース，旅行かばん
vélo　男　自転車
vendeur (*vendeuse*)　名　店員，売り子
vendredi　男　金曜日
venir [venu]　来る，～の出身である
　　venir de＋動詞　～したばかりである
vent　男　風
vers　～の方に，～の近くで，～の頃に
vert　緑の
veste　女　上着，ジャケット
vêtement　男　服
vignoble　男　ブドウ畑
ville　女　街
vin　男　ワイン
visite　女　訪問，見物
visiter [visité]　訪れる，見物する
vite　速く，急いで
voilà　はい，どうぞ，そこに～がある
voir [vu]　見る，見える，会う
voisin　名　隣人，近所の人
voisin　隣の，近い，似た
voiture　女　車，乗用車
votre (vos)　あなたの，あなたたちの
voudrais　vouloir の条件法（1人称単数）
vouloir [voulu]　望む，～したい
vous　あなたは，あなたたちは
voyage　男　旅行
voyager [voyagé]　旅行する，（乗り物で）移動する
vue　女　眺め，景観，眼差し，見方

W

Waterloo　ワーテルロー
week-end　男　週末の休み
wifi, wi-fi　男　ワイファイ